2021年湖南省高校优秀思想政治工作者
青年骨干建设项目（项目编号：44）

U0731978

文化自信与文化育人

——新时代高职院校
文化育人路径研究

彭玉京　黄　韬　著

湖南大学出版社
·长沙

图书在版编目（CIP）数据

文化自信与文化育人：新时代高职院校文化育人路径研究/彭玉京，黄韬著. —
长沙：湖南大学出版社，2023.8

ISBN 978-7-5667-3044-2

Ⅰ.①文…　Ⅱ.①彭…②黄…　Ⅲ.①高等职业教育—文化素质教育—研究
Ⅳ.①G718.5

中国国家版本馆 CIP 数据核字（2023）第 102726 号

文化自信与文化育人——新时代高职院校文化育人路径研究
WENHUA ZIXIN YU WENHUA YUREN——XIN SHIDAI GAOZHI YUANXIAO WENHUA YUREN LUJING YANJIU

著　　者：彭玉京　黄　韬
责任编辑：饶红霞
印　　装：长沙创峰印务有限公司
开　　本：710 mm×1000 mm　1/16　　印　　张：14　　字　　数：210 千字
版　　次：2023 年 8 月第 1 版　　　印　　次：2023 年 8 月第 1 次印刷
书　　号：ISBN 978-7-5667-3044-2
定　　价：52.00 元

出 版 人：李文邦
出版发行：湖南大学出版社
社　　址：湖南·长沙·岳麓山　　　邮　　编：410082
电　　话：0731-88822559（营销部），88821594（编辑室），88821006（出版部）
传　　真：0731-88822264（总编室）
网　　址：http：//www.hnupress.com
电子邮箱：749901404@qq.com

前　言

高职院校作为我国人才培养的重要基地，对优秀文化的传承和创新有着不可替代的作用。要实现文化强国梦，高职院校就要勇于肩负起自己的时代使命，以高度的文化自信来开展文化育人工作，从而推动我国社会主义先进文化的继承和发展。

随着《国家职业教育改革实施方案》、"中国特色高水平高职学校和专业建设计划"等职教新政的密集落地，职业教育正迎来高质量发展的黄金时代。当下，紧密结合职业教育特点，深度挖掘、阐释优秀传统文化中的工匠精神、职业精神和劳动精神等，创新优秀传统文化育人模式的构建与实施，探索形成可借鉴、可复制的"双高"建设学校地域特色优秀传统文化育人新方案，对于实现高职学校立德树人根本任务、打造技术技能人才培养高地、凝练特色校园品牌文化等具有重要的现实意义。

本书从文化育人的深度融合理念出发，凝练富有职教特色的"匠心文化"，倡导"精于工，匠于心，品于行"，秉承大国工匠精神，追求德技双优，打造"匠心职教"。此外，"匠心文化"注重引导学生追求精思善为、精工细作，启发教师崇尚精心施教、精致育人，让管理服务注重精细管理、精心服务。"匠心文化"将中华优秀文化精神，融入专业教学中，使工科专业践行精益求精、专注创新的工匠精神，商科专业突出诚信为本、以法为基的优秀品质，医护专业凸显悬壶济世、大医精诚的高尚操守，实现工者崇精、商者重信、医者仁心的价值追求。"匠心文化"通过现代先进校园文化的铸造和凝练，使学生从内心接受并认可中华文化的精髓要义，并在潜移默化中实现文化育人，培育学生的文化自信。

本书共分六个章节对文化自信视角下的高职院校文化育人进行了分析和研究，包括文化自信的基本要义、当代高职院校文化育人面临的挑战与现实困境、高职院校文化育人的结构体系、高职院校文化育人存在的问题及解决思路、以社会主义核心价值观引领高职院校文化育人建设、以中国革命文化推动高职院校文化育人工作。

本书在写作过程中，参考了众多专家学者的研究成果，在此表示诚挚的感谢。由于时间和精力的有限，书中难免存在疏漏和不足之处，敬请读者不吝指正。

彭玉京

2022 年 11 月

目　次

第一章　文化自信的基本要义

新中国成立以来特别是改革开放以来，中国高等教育发生了巨大而深刻的变化，取得了举世瞩目的成就。中国已经成为高等教育大国，正在朝着高等教育强国迈进。在中国高职院校"硬实力"不断增强的同时，其"软实力"也得以不断提升。

第一节　文化自信的基本概念和特征

文化自信包含许多要义。从词义上看，文化自信是关于文化的自信，而不是对其他方面的自信。从特征上看，文化自信受文化的特质影响，以及人的主体差异性影响，从而表现出不同的属性类别。从历史演进看，文化自信不是一蹴而就的，是基于对一定社会发展的准确把握确立并坚定起来的。只有厘清文化自信的基本要义，才能真正明白为什么要拥有文化自信，为什么要确立和坚定文化自信。

一、文化自信的基本概念

文化自信是"文化"和"自信"两个词的组合，了解文化自信就必须对文化和自信有一定的认识和把握。从广义上说，文化自信是文化主体对自身文化价值的一种肯定，对自身文化生命力的一种坚定、执着和期待。每一个民族都有代表本民族特征的文化，每一个民族成员都应该对自己的民族文化充满崇敬、爱戴和守护之情，对自己民族文化的发展前景充满希望和信心。从狭义上讲，文化自信就是指中国特色社会主义文化自信。

（一）文化的本质

关于文化概念或文化内涵的讨论已经是老生常谈了。从历史考证看，现在有关文化的定义已经超过 200 种。美国学者克洛伯（A. L. Kroeber）和克拉克洪（Clyde Kluckhohn）在其《文化：关于概念和定义的评论》[①] 一书中共收集研究了 166 种有关文化定义的词条。这一现象说明"文化"一词虽然常常被谈起，但每次谈论仍然显得很有必要。特别是对于文化自信来说，文化的讨论依然是一个绕不开的话题。

许多学者认为，第一个对文化做出定义的是英国人类学家泰勒。他在《原始文化》一书中给文化下了这么一个定义："所谓文化或文明乃是包括知识、信仰、艺术、道德、法律、习俗以及作为社会成员的人而获得的其他任何能力、习惯在内的一种综合体。"[②] 泰勒对文化的定义对当时乃至后来的学者产生了深远的影响，并以此为起点拉开了对文化概念研究的序幕。随后，文化学、人类学、文化人类学、民俗学、民族学等一大批与文化有关的学科相继兴起和发展，产生出许多文化研究领域的专家和学者。包括以狄尔泰、斯宾格勒、汤因比等为代表的人文传统派文化研究者，也包括以马林诺夫斯基、博厄斯、本尼迪克特等为代表的实证传统派文化研究者。

探讨文化的概念和内涵，一般都是引用西方学者的观点。实际上，从中国传统文化的角度去审视"文化"一词，其词源和语义历史远远早于西方国家。汉语中"文化"一词最早可以追溯到《论语》中的记载："周监于二代，郁郁乎文

---

① Alfred Louis Kroeber, Clyde Kluckhohn. Culture：A Critical Review of Concepts and Definition ［M］. New-York：Kraus Reprint Corporation. 1952.
② 泰勒. 原始文化［M］. 蔡江浓，译. 杭州：浙江人民出版社，1988：1.

哉。"其中的"文"字就有今天"文化"一词的含义。《周易》中对"文化"一词也有阐述："观乎人文以化成天下，言圣人观察人文，则诗书礼乐之谓，当法此教而化成天下也。"把"文"和"化"两个字作为一词进行阐述的最早见于西汉刘向《说苑·指武》："圣人之治天下，先文德而后武力。凡武之兴，为不服也；文化不改，然后加诛。"这里所说的"文化"就是以文化人、以文育人的意思，属于当今"文化"内涵的一个重要内容。除此之外，汉代荀悦有"宣文教以张其化，立武备以秉其威"之说，南朝萧统有"言以文化辑和于内，用武德加于外远"之说，南齐王融有"设神理以景俗，敷文化以柔远"之说。在中国古代，"文化"一词具有与武治（法治）相对应的文治教化（仁政）或礼乐典章制度的内涵。事实上，中国传统文化中的"文化"一词，不论从词义上还是功能上，都远比西方的"culture"要丰富得多，深刻得多。从中国传统文化中去发掘和发现"文化"的历史源流和社会价值，可能会改变对"文化"一词的思维定式，彰显出中国传统文化的时代魅力，这需要学术界和理论界对中国传统文化中的"文化"做出进一步的研究。

那么，文化到底是什么？通常来说，文化具有广义和狭义之分。广义的文化就是人类创造的一切成果。它包括物质文化、制度文化和观念文化这三种基本形态。这种观点认为，文化是人创造的，没有人就没有文化。而人又生活在文化之中，人又是文化的人，如果一个人没有一定的文化就谈不上是一个真正的人。德国著名人类学家蓝德曼指出："人类生活的基础不是自然的安排，而是文化形成的形式和习惯。正如我们从历史中所探究的，没有自然的人，甚至最早的人也是生存于文化之中。"[1] 他还说："我们是文化的生产者。但我们也是文化的创造物。"[2] 同样是德国人类学家的舍勒也认为："每一个人首先为文化所塑造，只是

---

① 蓝德曼. 哲学人类学［M］. 彭富春，译. 北京：中国工人出版社，1988：261.
② 蓝德曼. 哲学人类学［M］. 彭富春，译. 北京：中国工人出版社，1988：264.

其后，他或许也成为一个文化的塑造者。"① 人和文化是一个相互作用的联合体，如果把人和文化割裂开来，既不能正确理解文化也不能正确理解人。广义的文化也可以理解成"人化"，是人的主体性或本质力量的对象化。狭义的文化是指人类创造的精神财富的总和，是人的精神生产能力或精神产品的展示，主要包括风俗、习惯、观念、艺术、信仰、道德、价值、规范、宗教、哲学等。美国学者伯恩认为，文化是"作为一个特定社会或民族所持有的一切行为、观念和态度"②。我国学者胡适认为，"文化是一种文明所形成的生活的方式"。梁漱溟认为，"文化是人类生活的样法。"文化对于人的生活世界来说，的确是最深层的东西，是人的活动在历史长河中自觉或不自觉地留下的最具有人的品位的东西。

文化是人在社会实践中直接或间接、自觉或自发地为适应和改造自己生存的环境而进行的精神生产的产物。人在社会实践中受物质资料生产方式的制约，同样文化也是如此。文化生产不仅依赖于人，更依赖于一定的物质资料生产方式，物质资料生产方式在文化生产中起着决定性的作用。马克思曾说："从物质生产的一定形式产生：第一，一定的社会结构；第二，人对自然的一定的关系。人们的国家制度和人们的精神方式由这两者决定，因而人们的精神生产性质也由这两者决定。"③ 文化不能脱离人的实践，也不能脱离人在实践中所形成的经济关系和政治关系，否则文化就成为纯粹的主观自生的东西。恩格斯也说："每一历史时期的观念和思想也可以极其简单地由这一时期的经济的生活条件以及由这些条件决定的社会关系和政治关系来说明。"④ 文化是相对于经济和政治而言的，有什么样的经济和政治就有什么样的文化。比如不了解古希腊的经济和政治，就很难理解古希腊文明；不了解近代欧洲的经济和政治状况，就会对欧洲的文艺复兴

---

① 马克思·舍勒. 哲学人类学 [M]. 魏育青，等，译. 北京：北京师范大学出版社，2014：217.
② C. 伯恩，M. 伯恩. 文化的变异 [M]. 杜杉杉，译. 沈阳：辽宁人民出版社，1988：29.
③ 马克思，恩格斯. 马克思恩格斯全集：第33卷 [M]. 北京：人民出版社，2004：346.
④ 马克思，恩格斯. 马克思恩格斯选集：第3卷 [M]. 北京：人民出版社，1995：335.

感到匪夷所思；如果没有近代中国落后的经济和腐朽的政治，就没有近代中国文化之争和新文化运动。近代中国的文化变革不是单纯的文化运动和文化革新，而是包括经济和政治在内的整个中国社会大变革的深刻反映。一定社会的文化现象仅从文化自身不可能找到真正的答案。一定社会的文化是这个社会的生产方式、经济形态以及政治制度决定的。毛泽东曾对"文化"概念做了相关阐释："一定的文化（当作观念形态的文化）是一定社会的政治经济的反映，又给予伟大影响和作用于一定社会的政治和经济。"①

马克思主义文化观为我们认识文化的本质，以及坚持和发展什么样的文化，怎样坚持和发展文化提供了科学的方法论指导。党的十五大提出："建设有中国特色社会主义的文化，就是以马克思主义为指导，以培育有理想、有道德、有文化、有纪律的公民为目标，发展面向现代化、面向世界、面向未来的，民族的科学的大众的社会主义文化。"党的十九大指出："发展中国特色社会主义文化，就是以马克思主义为指导，坚守中华文化立场，立足当代中国现实，结合当今时代条件，发展面向现代化、面向世界、面向未来的，民族的科学的大众的社会主义文化。"推动社会主义精神文明和物质文明协调发展。党的二十大指出："全面建设社会主义现代化国家，必须坚持中国特色社会主义发展道路，增强文化自信，围绕举旗帜、聚民心、育新人、兴文化、展形象建设社会主义文化强国。"实质上，中国特色社会主义文化就是以马克思主义为指导的，与社会主义基本经济制度和政治制度相适应的一种文化形态。

（二）自信的含义

自信，在日常生活中是一个耳熟能详的词语。但是在实际生活中，有多少人能真正了解自信，真正树立自信，真正对自己的所作所为充满自信呢？自信，不论对于个人的茁壮成长，还是对于国家和民族的未来发展，都是非常重要的。自

---

① 毛泽东. 毛泽东选集：第 2 卷 [M]. 北京：人民出版社，1991：663.

信对一个人一生的发展所起的作用，无论在智力上，还是在体力上，或是处世能力上，都有着基石性的作用。一个缺乏自信心的人，便缺乏在各种能力发展上的主动积极性。居里夫人曾说："我们生活得都不容易，但是那有什么关系？我们必须有志向，尤其要有自信力！我们必须相信我们的天赋是用来做某种事情的，无论代价多大，这种事情必须做到。"就是因为拥有坚定而执着的自信，毛遂才能自荐脱颖而出，布鲁诺才能视死如归，比尔·盖茨才能弃学从商，鲁迅才能弃医从文并发出"我以我血荐轩辕"的誓言。就是因为拥有坚定而执着的自信，才有龚自珍的"青山处处埋忠骨，何须马革裹尸还"，李清照的"生当作人杰，死亦为鬼雄"，文天祥的"人生自古谁无死？留取丹心照汗青"，毛泽东的"红军不怕远征难，万水千山只等闲"等数不尽道不完的宏大诗篇，其中所闪耀出的民族精神，一直激励着中华民族向着伟大复兴的目标前进。

党的十八大以来，中国特色社会主义"四个自信"的提出和提升，中国人民更应该对"自信"一词进行准确理解和把握。自信，从字词组合上讲，"自"是"自己，己身"，"信"是"信从，信任"，自信就是"自己相信自己"。在英语中，自信有两个对应词，一是 self-confidence，一是 assertiveness。英语中的confidence 来源于拉丁文的 confidential，是指"信赖、相信"，"感到有把握的状态"。Self-confidence 就是"个体信赖自己或自己处境的一种情绪或自觉"。其近义词是 self-assurance 和 self-trust。Assertiveness 是指"在人际交往过程中，向他人以直接的、诚实的方式表达自己的需要、欲求、情感、信念、观点，而无意伤害任何人的感情"。Assertiveness 的词义中含有一种过分自信的意思，常常作为一种沟通技巧来使用，特别是在高水平的人际交往和工作中，用这个词的效果可能会更好。

国外学者对"自信"的研究已有相当长的历史，所取得的成果也相当丰硕。但是出于不同的价值取向，研究者对"自信"概念的理解也不尽相同。以美国一些学者为例，其对自信的理解表现出各自不同的看法。美国著名社会心理学家马斯洛（Abraham Harold Maslow）认为，自信是"自尊需要的满足"，一旦自尊的需要受挫或得不到满足，就会使人产生自卑感、软弱感、无能感，这些又会使人失去基本的信心。美国加利福尼亚大学心理学家库珀斯密斯（Stanley Cooper-smith）认为，自信是个体经常对自己保持一种好的评价状态，是对自己的能力、地位、成就及价值做出的一种具有肯定或赞赏性评价的心理表现。美国学者杰克逊（Michael Richard Jackson）指出，自信既是内心深处稳定持久的一种人格倾向，也是人在善于处理周围环境时做出的一种自我评价状态。美国著名的心理学家罗森伯格（Morris Rosenberg）指出，自信是相信自己内心的愿望能够在实际行动中获得成功，是内心蕴藏的对自己行为活动能力的一种确信。

国内也有一些学者对"自信"的概念及其内涵加以关注和研究。这其中最值得一提的就是我国著名心理学专家黄希庭教授提出的，自信是健全人格的重要组成部分，他在主编的《简明心理学辞典》中将"自信"定义为："个体对自己的信任，表现为对自己的知识、能力、行为判断等有信心、不怀疑。"① 在他的影响下，车丽萍秉承此研究取向，认为"自信是一个多维度概念，是自我意识的重要组成部分，它包含自我认知与评价、情感体验等成分，属于性格特征中个体对自己的态度范畴，与自我效能感、自尊等密切相关，并和自我概念中的能力、价值判断相关联"② 。毕重增在秉承的基础上对"自信"做出系统的研究，他在《自信品格的养成》一书中认为："自信是一种自我之力，是肯定这种力量的意念，相信自己有力量，就可以用这种力量来捍卫自己的尊严。"③ 另外还有学者认为，自信就是指"一定主体对于自身的能力、价值等做出的肯定和确认"，以及客观、积极的认知与评价自信是"对自身能力与特点的肯定，意味着对自己的信任、欣赏和尊重，意味着胸有成竹，处事有把握。自信是最能展现气质由内而

① 黄希庭. 简明心理学辞典 [M]. 合肥：安徽人民出版社，2004：528.
② 车丽萍. 自信心及其培养 [M]. 北京：新华出版社，2004：6.
③ 毕重增. 自信品格的养成 [M]. 合肥：安徽教育出版社，2009：8.

外发出信息的一种气场，是人们在实践中表现出来的一种自己相信自己的美好特征"①。

国内外学者对"自信"一词所持的不同观点，为我们今天对"自信"的研究提供了多维视域和丰富的素材。但是他们的贡献对于今天之于"自信"的诠释，特别是之于中国人民在新时代对"四个自信"的掌握和提升上是远远不够的。这其中需要重点挖掘的就是要从中华博大精深的传统文化中去寻找"自信"的源泉、内涵和力量。实际上在浩瀚的中华传统文化中，对"自信"一词的内涵早就有过详细的记载和论述。在周代就曾有关于"自信"的记录。《文子·卷四·符言》中有"中心其恬，不累其德，狗吠不惊，自信其情"，《关尹子》中有"惟不诚之人，难于自信而易于信物"。虽然这两处的"自信"并非当今所指的"自信"，但从词源上可以说明"自信"一词在中华传统文化中已经源远流长了。最早描述"自信"的是孔子所言："吾心信其成，则无坚不摧；吾心信其不成，则反掌折枝之易亦不能。"这里的"信"寓有今天所指"自信"的基本含义，但严格地说还不具备今之"自信"的深刻内涵，它只是强调个体在从事某种活动时抱有必胜的信念。而真正具有今之"自信"之义的是《墨子·亲士》中的"君子进不败其志，内究其情；虽杂庸民，终无怨心，彼有自信者也"。这句话是说，君子在仕途上不论得志与不得志都不会改变自己的志向，如能达到此种境界，即使落魄为普通的民众，整天与民众为伍，也不会有自暴自弃之心，这是因为君子总是一个满怀信心之人。除此之外，与今之"自信"意义接近甚至等同的还有《〈战国策〉目录序》中的"则可谓惑于流俗，而不笃于自信者也"；《韩非子》中的"宁信度，无自信也"；三国曹操《举贤勿拘品行令》中的"吴起贪将，杀妻自信，散金求官，母死不归"；《旧唐书·卢承庆传》中的"朕今信卿，卿何不自信也"；清朝龚自珍《己亥杂诗》中的"勇于自信故英绝，胜彼

---

① 于立志，辛怡. 交往八项修炼 [M]. 北京：中国方正出版社，2014：31.

优孟俯仰为"。特别是鲁迅在《中国人失掉自信力了吗》一文中认为，自信是一种能力和力量，它不仅为自我的成长带来精神动力，也能为民族带来觉醒和复兴。可以说鲁迅的这篇文章喊出了中国人骨子里"自信"的底气，也喊出了中华传统文化饱含"自信"的历史分量。

马克思主义认识论认为，自信属于认识论的基本范畴。人的认识是后天形成的，同样，自信不是与生俱来的，而是人在后天实践中逐渐形成的，是人的认识基于实践过程中对自身的能力、意志、品格、特长等整体性因素进行整合和考量所做出的积极性肯定的一种主观信念或心理定式。自信在人的生存和发展中起着非常重要的作用。人首先作为生物性的存在，在自然界中面对弱肉强食的自然选择时，必须要对自己的能力或力量做出积极的肯定，这种对自我能力或力量的恰当评判和肯定，是构成自信的基本条件，同时也是人在成功挑战残酷的生存环境时产生的第一份自信。不仅如此，作为实践中的人，人对自己能力或力量等方面的自信是来自在实践中的不断检验，并在实践中不断地自我肯定的结果。人在社会实践中，伴随着对工具、语言，以及对他人、自我的认识和掌控，不但成为生物链上弱小生物的天敌，而且能把力量最大化成为一切生物的天敌，当然也包括人或人类自己。人在社会实践中必须对自我，以及对其他对象的能力做出准确的判断，这是人树立自信的动力之源。

自信是新时代中国人民精神风貌的强势回归。从近代鸦片战争以来，自信问题成为压在中国人民心头的一个重大的心理难题。近代中国人民自信的丧失，不是中国人民对自己作为"人"的自信的丧失，而是中国人民在道路、理论、制度和文化等的选择过程中对自身的能力和自身创造价值肯定性的一种丧失。然而对中国传统创造价值的全盘否定和对西方先进价值（中国人自以为是的）的全盘接纳，并没有改变近代以来中国人民自信问题的心理定式。直到马克思主义的传入，中国共产党的诞生，中国人民在马克思主义指导下，在中国共产党的领导下，成功地开辟了中国特色社会主义道路、理论、制度和文化等一整套新的民族复兴路径，才彻底解决了中国人民对自身的能力和自身创造价值的自信问题。今天，中国人民把中国特色社会主义伟大事业推进了新时代，这意味着中华民族的面貌发生了前所未有的变化，中华民族正在以崭新姿态屹立于世界的东方。今天中国人民的自信，不仅是对复兴中华民族曾经的历史辉煌，以及弘扬和践行中华民族精神的这种能力和成功的现实感到自信，而且是在此基础上激发了中国人民沉着应对新时代背景下来自各方面严峻挑战的自信，是中国人民对建设一个富强民主文明和谐美丽的社会主义现代强国的自信。

自信能使人变得坚强、勇敢、积极向上，自信也能使民族和国家变得繁荣、富强、蒸蒸日上。自信的精神风貌对于个人来说，是人生成长道路上不可或缺的优秀品格；对一个民族来说，是体现这个民族骨气和志气的核心要素。一个民族的骨气和志气都是熔铸在这个民族的文化生命力中的。自信与文化的碰撞和结合是创造民族文化的内在驱动力。一个民族能够繁衍生息，就是因为它存在一个内在强大的文化自信力，始终支撑和激励着这个民族的人民永不停歇地走下去。

（三）文化自信

文化自信是具有深刻内涵的。它既不是一个简单的文化口号，也不是每个人、每个民族、每个国家都有资格去提，或都有能力去树立和坚定的。文化自信是一个民族在自己民族的文化认识和发展的基础上所具有的一种积极的精神状态。文化自信是一个民族能够繁荣昌盛，并能屹立于世界民族之林的必备条件，同时也是一个民族能够保持自己的文化永不枯竭，始终处于创新与发展之中的根本动力。因为一个民族的文化与这个民族是密不可分的，民族是文化的主体和生命，文化是民族的灵魂和精神家园，民族的兴衰将伴随着民族文化的兴衰，民族文化的基本状态将深刻反映着这个民族的基本走势。

今天我们提出文化自信，既是反映中华民族伟大复兴史的一种自觉表现，又是推动中华民族伟大复兴的精神号角。如果不去了解中华民族伟大复兴的历史、现在和将来，就难以理解文化自信的深刻内涵，也难以树立和坚定高度的文化自信。中华民族拥有五千多年连续不断的文明，这是我们树立文化自信的底气所在。我们要知道，这个辉煌成就是来之不易的，它主要来自我们的先人在中华大地上经过世世代代的辛勤耕耘和不懈奋斗，逐步形成的民族大团结和中国大一统。在中国历史上，尽管在某些阶段出现过多个政权并存的局面，或由不同民族统治的情况，但同属于一个中国的原则始终没有改变，同属于中华民族"美美与共"的理念始终没有改变。泱泱浩气的中国统一体和博大精深的民族精神造就了伟大的中华民族文化，同时也造就了中国人民的文化自信传统，使文化自信深深镌刻在中国人民的心坎里和骨子里。这一点就连最早来中国传播宗教的传教士之一利玛窦都看得非常清楚。他说："中国人认为所有各国中只有中国值得称羡。就国家的伟大、政治制度和学术的名气而论，他们不仅把所有别的民族都看成是野蛮人，而且看成是没有理性的动物。在他们看来，世上没有其他地方的国王、朝代或者文化是值得夸耀的。"① 当然，这种自信在当时的情况下，是国家强大、民族昌盛的突出表现，也是那个时代中国人民应该坚定的一种信念。但是，我们要看到，文化自信不能脱离一定社会的经济和政治条件，更不能脱节于时代发展的步伐。如果故步自封于"天朝大国"的过去，不用联系的、发展的、开放的眼光去认识自己和对待自己，就会导致愚昧的、盲目的文化自信，这样的文化自信就容易变质为文化自负或文化自卑，其带来的后果是不堪设想的。近代中国民族危机所导致的文化危机，是盲目文化自信带来的深刻教训。

正确认识和坚定文化自信是中华民族伟大复兴的重要一步。在中国历史上，从来不缺少坚定文化自信的人，即使在近代中国沦为半殖民地半封建社会时期，仍然有无数仁人志士自信满满地为民族复兴大业鞠躬尽瘁。正如鲁迅所说："我们从古以来，就有埋头苦干的人，有拼命硬干的人，有为民请命的人，有舍身求法的人……虽是等于为帝王将相作家谱的所谓'正史'，也往往掩不住他们的光

① ［意］利玛窦，［比利时］金尼阁. 利玛窦中国札记［M］. 何高济，译. 北京：中华书局，1983：181.

耀，这就是中国的脊梁。"文化自信就是民族的脊梁，只要坚定文化自信，民族脊梁就永不会被压垮变形。中华民族能在万般苦难中涅槃重生、再创辉煌，就是因为中国人民在马克思主义指导下，在中国共产党的领导下，能科学地认识和坚定文化自信，坚持用马克思主义方法论对中华民族传统文化进行科学的创新和发展，激活了原有文化中能让人自信的生命元素，并增添了许多新的、先进的文化元素（如革命文化、社会主义先进文化等），从而再次让中国人民树立并坚定了文化自信。

坚定文化自信绝不是将自信中的文化拿出来孤芳自赏或自我炫耀，也不是将自信中的文化封闭起来，与世隔绝起来，不求创新与发展，而是要把自信中的文化发扬出去，使其为世界人民所认知和共享，与世界其他民族文化一道把文化中蕴含的人类共同价值性的东西尽显出来，为推动世界和平与发展贡献力量。习近平总书记指出："强调承认和尊重本国本民族的文明成果，不是要搞自我封闭，更不是要搞唯我独尊、只此一家，别无分店。各国各民族都应该虚心学习、积极借鉴别国别民族思想文化的长处和精华，这是增强本国本民族思想文化自尊、自信、自立的重要条件。"① 近年来，中国提出"一带一路"倡议，这不仅是对历史上各国经济往来和发展的复兴，更是对历史上各国民族文化往来和发展的复兴。"一带一路"在各民族传统文化交流和发展中曾留下了许多珍贵的文化遗产和文化精神。这些文化遗产和文化精神的发掘和发现，不仅为我们寻找文化自信之源和根基提供了科学的历史依据，也为我们树立和坚定文化自信提供了方法论指导。在"一带一路"的历史中，世界人民是通过中国的"丝绸"认识到中国的传统文化的，那么在"一带一路"的今天，孔子学院将是世界人民认识中国当代文化的重要渠道。以孔子学院为纽带的国外中文大赛、学术讲座、高端论坛、国际会议等汉语热在世界遍地开花。这一发展趋势说明，中华民族文化无论

---

① 习近平. 习近平在纪念孔子诞辰2565周年国际学术研讨会暨国际儒学联合会第五届会员大会开幕会上的讲话 [N]. 人民日报，2014-9-25.

过去还是现在都是得到世界人民认同和欢迎的，中国人民有能力也有信心把我们今天的民族文化推到与民族传统文化同样的高度，为世界文明的进步与发展贡献自己应有的力量。

（四）中国特色社会主义文化自信

当代中国人民的文化自信，实质上就是中国特色社会主义文化自信。中国特色社会主义是我们坚定文化自信的最本质性特征，中国特色社会主义文化是我们坚定文化自信的最本质性内容。

党的二十大报告指出："推进文化自信自强，铸就社会文化新辉煌。"文化自信"植根于中国特色社会主义伟大实践"，没有中国特色社会主义实践就没有中国特色社会主义文化道路，也就没有我们今天的文化自信。坚定文化自信首先就是要坚定中国特色社会主义自信，对中国特色社会主义高度认同。我们要清楚地认识到，中国特色社会主义是在经历改革开放40多年考验和检验的实践中得来的，是在经历中华人民共和国70多年独立自主、自力更生的实践中得来的，是在中国共产党百年攻坚、执着追求的实践中得来的，是在经历中华民族顽强拼搏的实践中得来的，是在经历中华文明五千多年一脉相承、永续发展的实践中得来的。中国特色社会主义根植于中华文化的沃土，是反映中国人民意愿、适应中国发展进步要求的，是历史逻辑、理论逻辑、实践逻辑合乎中国社会发展规律的必然选择，是经过历史洗礼、人民选择、实践检验的"真金白银"。因此，文化自信在根本上就是对中国特色社会主义发展道路充满坚定的信念和信心，既不走邪路也不走老路，就是要把中国特色社会主义这篇大文章写好、写实、写进老百姓的心坎里去，写出更加精彩的篇章。

文化自信涵养于中国特色社会主义文化。中国特色社会主义文化是在中国特色社会主义实践中，对中华民族优秀传统文化和革命文化的继承、弘扬、转化和提升，是对社会主义先进文化的吸收、消化、运用和发展，形成了三位一体的文化统一整体。中华民族优秀传统文化、革命文化与社会主义先进文化既是中国特色社会主义文化的三个来源，又构成中国特色社会主义文化的三个基本内容。中国特色社会主义文化是中国人民坚定文化自信的根基和根本内容所在。也就是说，中国人民的文化自信就是对包括中华优秀传统文化、革命文化和社会主义先进文化在内的中国特色社会主义文化这一有机整体的自信。没有博大精深、灿烂辉煌的中华优秀传统文化，就没有中国人民追寻的"根"和"魂"；没有五四运动以来中国人民用生命和鲜血换来的革命文化，中国人民就不会抬起头来；没有改革开放以来社会主义先进文化的引领，中国人民就不可能在一穷二白的基础上富起来和强起来。只讲传统文化的自信，不讲革命文化和社会主义先进文化的自信，就容易掉进文化复古主义的窠臼，而只讲革命文化和社会主义先进文化的自信，丢掉中华优秀传统文化这一根脉，就会对我们的文化断章取义。这三种文化都是作为中国特色社会主义文化统一的整体展现出来的，任何时候、任何情况下把它们割裂开来，进行孤立的、片面的理解或解读都是一种错误的行为。丢掉这三种文化中的任何一种文化，我们的文化自信都是不完整的，也是不可能实现的。这三种文化深刻体现了中国特色社会主义文化是传统文化与当代文化的完美结合，深刻说明中国特色社会主义文化是薪火相传、与时俱进的，是与时代同步、与中华民族同步的，是贯通中华民族的过去、现在和将来的。这三种文化共同筑起当代中国人民价值追求和精神力量的万里长城，是当代中国人民树立和坚定文化自信的根本。

中国特色社会主义文化自信与中国特色社会主义道路自信、理论自信和制度自信是密切联系在一起的。只讲中国特色社会主义文化自信，不讲中国特色社会主义道路自信、理论自信和制度自信也是不完整的。党的十八大以来，习近平总书记在强调文化自信的时候，总是把道路自信、理论自信、制度自信与文化自信放在一起。2014 年 3 月全国"两会"期间，习近平总书记在参加贵州代表团审议时指出："我们要坚定理论自信、道路自信、制度自信，最根本的还要加一个文化自信。"① 2014 年 10 月，习近平总书记在文艺工作座谈会上指出："增强文化自觉和文化自信，是坚定道路自信、理论自信、制度自信的题中应有之义。"② 2015 年 11 月，习近平总书记会见第二届"读懂中国"国际会议外方代表时强调："中国有坚定的道路自信、理论自信、制度自信，其本质是建立在五千多年文明传承基础上的文化自信。"③ 2016 年 5 月，习近平总书记在哲学社会科学工作座谈会上指出："我们说要坚定中国特色社会主义道路自信、理论自信、制度自信，说到底是要坚定文化自信。"④ 2016 年 7 月，习近平总书记在庆祝中国共产党成立 95 周年大会上强调："坚持不忘初心、继续前进，就要坚持中国特色社会主义道路自信、理论自信、制度自信、文化自信。"⑤ 从"三个自信"上升到"四个自信"，深刻体现出中国共产党人对中国特色社会主义这一总概念认识的进一步深化。其中，文化自信是"更基本、更广泛、更深沉的自信"，是贯穿于道路自信、理论自信和制度自信之中的，起到统领其他三个自信的作用。只有坚定了中国特色社会主义文化自信，才能更加自觉地坚定中国特色社会主义道路自信、理论自信、制度自信。没有中国特色社会主义文化自信，其他自信就会失去根基和灵魂。新时期只有坚定中国特色社会主义文化自信，才能为中国特色社会主义道路自信铺好路基，为理论自信提供思想资源，为制度自信注入创新活力。

二、文化自信的基本特征

由于文化和自信都具有一定的属性特征，这就决定了文化自信也具有一些与之相对应的属性特征。一般而言，人们谈论的文化主要是指在社会中占主导地位

① 万群，赵国梁. 习近平总书记参加贵州代表团审议侧记 [N]. 贵州日报，2014-3-10.
② 习近平. 习近平在文艺工作座谈会上的讲话 [N]. 人民日报，2015-10-15.
③ 杜尚泽. 阔步走在中华民族伟大复兴的历史征程上 [N]. 人民日报，2016-1-5.
④ 习近平. 习近平在哲学社会科学工作座谈会上的讲话 [N]. 人民日报，2021-1-5.
⑤ 习近平. 习近平谈治国理政：第 2 卷 [M]. 北京：外文出版社，2017：36.

的文化，或者说在社会中具有主流价值导向的文化。新时代占据我国主流文化地位的是中国特色社会主义文化，所以这里所讲的文化就是特指中国特色社会主义文化，即包括中华优秀传统文化、革命文化和社会主义先进文化在内的符合中国特色社会主义建设总体要求的文化。自信中的"自"的原意是指个人或自己，在这里讨论的是民族层面的自信，或在一个民族国家命运抉择中起到核心作用的人的自信。从我国的国情看，这里所说的自信就是指包括每一个中华儿女在内的中国人民，即中华民族的自信，从核心内容上看，这里的自信就是中国共产党人的自信。基于对文化和自信的认识，我国的文化自信具有独特的民族性特征、突出的时代性特征、鲜明的实践性特征、明确的价值指向性特征、宽广的开放包容性特征等。认识这些特征将有助于理解文化自信的时代价值，并为我们树立和坚定文化自信提供正确的文化选择和价值观导向。

（一）民族性特征

每一个民族都有属于自己的文化和文化特性，否则这个民族就不具有与其他民族相区别的本质属性，这个民族就不是一个能真正体现自己血统的民族。从历史长河中走来，是文化伴随着一个民族的成长，也是文化诉说着一个民族的故事。文化是民族的血脉，它时刻为民族的发展提供丰富的营养；文化也是民族的灵魂，它指引着民族不论走向何方，总会有一个家的存在。就是因为文化的存在和文化的生命力，一个民族的生命历史才值得后人去追忆和溯源。民族性是文化自信最鲜明的特征。文化自信深刻体现的就是人民对本民族创造出的文化的自信心，对本民族文化的一种自豪感和荣耀感。

文化是民族的符号，文化自信中的文化是民族意义上的文化，一个民族的文化深深地印刻着这个民族的本质特征。不同的民族文化是民族之间本质性区别的深刻体现，同时不同民族的存在造就出今天不同的文化成果和文化氛围。美国文化学家巴格比曾指出："正是在民族这一层次上的社会才具有最鲜明的文化差异。我们感到自己所属的是某个民族，我们试图仿效我们同胞的习俗和风度。而且我们非常方便地辨别出法国人、英国人和美国人，以及他们各自的言谈方式、风俗和服饰等等。"① 文化的民族性不仅体现出文化的多样性和差异性，也体现出不同文化的民族对自己创造的文化所具有的不同的自信状态。不同的民族构成了不同的文化自信的主体，不同的民族文化形成了不同的文化自信的客体。文化自信的主体来自国家的每一个民族，每一个民族的每一个人。每个人都是在民族大家庭中成长的，其民族特有的文化熏陶，使每个人的身上都深深留下了具有一些民族气息的民族属性。文化自信的主体一方面是在民族文化环境下生长和成熟，另一方面又在自己的生活、生产中不断地对自己的民族文化进行传承、吸收和发展，改造出新的民族文化。实际上，文化自信的主体就是在文化实践中不断地体验、检验、传承、吸收和创造着自己的民族文化。文化自信的主体与民族文化通过民族的特有属性和功能将两者紧紧地联系在一起，使得民族文化基因深深植根于文化自信的主体血液之中，影响着文化自信的主体。文化自信的主体之所以对自己的民族文化充满自信，是因为只有文化自信的主体才真正了解自己民族文化的历史底蕴，才能真正看到自己民族文化的独特价值，真正感悟到自己民族文化的生命力。可以说，只有本民族的文化主体才能真正拥有本民族的文化自信。

文化自信的客体就是能让文化主体对自身产生自信的文化。一种文化能不能让文化主体产生自信，主要看文化主体对自身文化的判断和评价。特别是对于民族文化来说，文化自信与民族存亡是共患难的。当民族繁荣时，人们就会对处于主导地位的民族文化充满自信，反之亦然。例如在鸦片战争以前，中国人民一直对以儒家为主导的民族文化充满信心。而鸦片战争之后，中国人民开始怀疑、否定自己的民族文化，甚至出现了五四运动时期打倒"孔家店"的现象。今天我们努力实现中华民族伟大复兴的中国梦，实质上，民族复兴就是民族文化复兴。深厚的民族文化底蕴是民族复兴的本源。中华民族能够复兴的原因就在于中国人

---

① ［美］菲利普·巴格比. 文化：历史的投影［M］. 夏克，陈江岚，李天纲，译. 上海人民出版社，1987，123.

民能够对自己的民族文化做出科学的判断和评价，将民族文化中的优秀部分充分地发挥出来了。新时代我们正在建设中国特色社会主义文化，我们对中国特色社会主义文化充满高度的自信。其原因就是，中国特色社会主义文化包括了中华民族优秀传统文化、革命文化和社会主义先进文化，这三种文化是近代以来中国人民在寻求民族复兴的过程中经过实践检验得出的，是值得中华民族每一个儿女去尊重、自豪和自信的。这三种文化都与中华民族的兴衰沉浮休戚相关，也只有伟大的中华民族才拥有这样的文化。

（二）时代性特征

文化自信是一个时代性的命题。文化自信是人们对一定时代的文化发展状态所呈现出来的一种积极的心理映射。由于不同历史时期的物质生产方式所产生的文化特质不同，使得不同时期的文化具有鲜明的时代性特征。准确把握文化的时代性特征，是对一定时代的文化价值做出科学评判和心理定位的重要依据。今天，我们提出文化自信，而且要树立高度的文化自信，这与今天我国文化发展的时代性特征是密不可分的。

从世界发展的总趋势看，全球化势不可挡，世界文化多样化是大势所趋。各民族文化通过全球化浪潮纷纷走向世界、融入世界，成为世界文化的一分子。各民族文化在与世界其他文化的交流和交融中，要不断地对其他文化做出评判和取舍，推动自身文化向前发展。文化走向世界，是当今文化时代性特征的一个重要表现。但是，文化走向世界，对各个民族文化来说都是一个重大的考验和检验。因为文化之间的相互碰撞和借鉴，不仅是一个相互成长的过程，还是一个相互趋同的过程。所以，民族文化要走向世界，就必须对自己的文化有清晰的认识和精准的把握，不然文化在走向世界的过程中不仅不能获得自身的完善和发展，而且可能会被其他文化所同化，最终走向衰败。就中国文化而言，不论是在古代还是在今天，都是被世界人民所认可和接纳的。中国文化走向世界，不仅能够促进自身文化的发展壮大，而且还能促进世界各民族文化的良性循环和发展，达到双赢。所以，我们坚定文化自信是对中国文化走向世界的一种充分肯定和十足信心。

从当代中国国情看，在中国共产党的坚强领导下，中国人民经过40多年的改革开放和社会主义现代化建设，取得了举世瞩目的伟大成就，中国人民的文化自信就是在这伟大成就的基础上建立起来的。回顾这一历史，中国人民实现了以前未能实现的目标，解决了以前未能解决的难题，完成了以前不敢想象的设想。历史证明，没有什么能够阻挡中国人民前进的步伐。今天，虽然全球化、市场化、信息化、网络化给中国特色社会主义伟大事业带来了一些挑战，但是中国人民坚信，在中国共产党的领导下，中国的明天一定会变得更加美好。所以，我们坚定文化自信，实质上是对中国共产党引领文化建设的坚定信心，是对新时代中国特色社会主义文化前景的美好展望。

（三）实践性特征

文化自信的树立来自实践。从主客体来看，文化自信的主体和客体都是实践的对象。文化自信的主体是现实生活中的人。人之所以成为人的前提条件就在于人的实践活动。离开实践活动，文化自信的主体就是一个缺乏认知能力和自觉意识的主体。文化自信的客体是人的实践活动的产物，是人的实践活动留下的最具有价值性的东西。人的实践活动成果不仅满足了自身的价值需要，还满足了他人的价值需要。文化是人的实践活动成果的深刻体现，必然具有实践性的基本特征。从中华民族的文化自信角度来说，无论是中华优秀传统文化、革命文化还是社会主义先进文化，都是中国人民在不同历史时期的社会实践中产生的，并且在实践中得到真正意义的检验，从而具有符合文化自信的主体价值需求的基本要素。只有坚持从实践出发，才能揭示出文化自信的主客体关系，真正理解文化之于文化主体的价值意义，从而在现实生活中树立高度的文化自信。

文化自信的坚定来自实践。改革开放以来，随着中国经济的巨大发展，中国人民对文化的需求变得越来越迫切。文化自信的坚定在很大层面上是对当代文化发展状况所提出的一种实践性方案。文化自信既是一种精神和信仰的自信，同时更要在文化实践中真正体现自信的力度。坚定文化自信，就是要在中国特色社会主义伟大实践中寻求统摄经济基础和上层建筑的平衡点，在坚定中国特色社会主义经济发展的同时坚定中国特色社会主义文化发展方向。文化自信只有融入当代中国文化建设的大背景与大格局中，才能更加突出地展现它的实践指向和价值意义。

（四）价值指向性特征

所谓价值，就是客体的属性对于主体需要的满足关系。一个客体满足主体需要的程度越高，其价值就越大。人们在社会生活中对各种事物和现象采取什么样的态度，做出什么样的反应都是以人们对该事物和现象的价值判断为基础的。文化自信具有明确的价值指向性特征。文化自信是文化主体对自身文化价值的一种高度肯定，是对自身文化的未来发展充满信心，而不是对他者的文化充满信心。主要原因就是只有从自身的文化中才能发现自身的生命价值，只有自身不断地进行价值创造才能永葆自身文化的生命力，彰显出自身的文化价值。文化与文化主体之间，实质上是通过实践活动完成了"主体文化"和"文化主体"的价值互动的双向统一。具体来说，文化主体在实践活动中需要文化价值的引导来创造更多的价值财富以更好地满足自身的需求；同时，文化主体还要根据自身的价值实现状况需要创造出新的价值文化成果，从而使自身文化得到更新和发展。正如马克思所说："这是他们本身不停顿的运动过程，他们在这个过程中更新他们所创造的财富世界，同样地也更新他们自身在文化主体的实践活动中，不论是选择什么样的文化价值引领，还是创造什么样的价值文化，都不是随心所欲的，都具有一定的价值指向性。"① 可以说，文化自信是文化主体在实践活动中对文化选择和文化创造所做出的一种价值诉求。文化主体对文化的选择和创造而言并非一件

---

① 马克思，恩格斯. 马克思恩格斯全集：第46卷 [M]. 北京：人民出版社，1980：226.

容易的事情，它体现了文化主体在文化选择和文化创造过程中的价值指向性。这一价值指向性一方面体现为文化主体通过文化实践活动，不断创造和丰富自身文化的涵养，挖掘自身文化的发展规律和作用机制，使文化自信这一文化现象更具科学性和引领性，另一方面表现为文化主体在文化实践活动中，不断深化对自身文化的理解与认知，自觉接受自身文化的内在要求，去提升自身的精神境界，完成自身的人格超越。

（五）开放包容性特征

文化自信既是在自己民族文化的历史发展长河中集聚起来的，也是在与其他民族文化的交往和比较中体现出来的。在对待自己民族文化的态度上既不妄自菲薄、崇洋媚外，也不妄自尊大、盲目排外。在理性对待自身民族文化的同时也要理性地应对外来民族文化，这种对待文化的理性态度主要体现为文化自信的开放包容性。文化作为民族生命力的象征，不同的民族有不同的文化。世界并非只有一个民族，世界也并非只有一种文化。民族存在差异，与之对应的民族文化也存在着差异，而且这种由民族差异所带来的民族文化差异是无法弥合的。在全球化的多元文化背景下，不同民族文化之间建立起千丝万缕的联系，形成你中有我，我中有你的文化共同体。文化共同体为不同民族的文化发展提供了机遇，也带来了挑战。如果让每一种民族文化都能在文化共同体中获得自己充分发展的机会，这就需要不同民族文化的主体以开放包容的态度去接纳和拥抱其他民族文化。因为每一个民族文化都为人类文明贡献了各自独特的智慧，每一个民族文化都值得向外开放，值得去包容别人和被别人包容。

开放包容是文化的活力和生命力之所在，是文化自信的基本点和着力点。文化自信的开放包容性就是要求在倡导和展现世界文化多样性的基础上，兼纳百家之精华，融合百家之所长，为自己民族文化的长足发展提供源源不断的滋养。中华文化之所以生生不息、经久不衰，就在于它具有海纳百川、兼收并蓄的博大胸怀。历史证明，开放包容不仅没有改变中华优秀传统文化的本质性特征，反而在吸收借鉴其他文化的过程中不断地释放出自己的生命价值，获得世界人民的认同和称赞。在今天全球化不断深入和世界文化竞争日益激烈的环境下，中华民族文化更应该以开阔的视野、博大的胸怀来对待外来文化，积极参与世界文化交流与合作，为世界各民族文化间的交流、交融、合作、进步提供中国方案和中国智慧。

第二节 文化自信培育的价值意蕴

一、培育时代新人的必然要求

少年强则国强，梁启超在《中国少年说》中就点明了少年的作用。梁启超非常重视青年的力量，在清朝危难时刻号召青年去拯救中国，对青年说："我们可爱的青年啊！立正！开步走！大海对岸那边有好几万万人，愁着物质文明破产。"在各行各业中，青年人的比例逐年上升。树立新时代青年学生的文化自信，有利于增强其对中国文化的认同，有利于培养吃苦耐劳的品质和积极向上的心态。这是在新时代的背景下，作为时代新人应该具有的品质。青年学生是社会主义建设者和接班人，青年的力量是社会主义建设的中坚力量。在两个一百年目标当中，其中第二个百年目标是建成富强民主文明和谐美丽的社会主义现代化强国。在未来 30 年的时间里，为实现社会主义现代化强国而努力奋斗者就是新时代的青年学生们，他们是后起之秀。他们在校园里学到的本领可以运用到祖国需要的地方，为实现祖国的宏伟目标而拼搏。

二、有利于培育和践行社会主义核心价值观

党的十八大以来，党中央高度重视培育和践行社会主义核心价值观，首次科学阐述了社会主义核心价值观的具体内容，主要分为国家、社会和个人三个

层面。

在之前党的十六届六中全会通过的《中共中央关于构建社会主义和谐社会若干重大问题的决定》中就明确提出了"社会主义核心价值体系"。在党的十七届六中全会的时候，社会主义核心价值体系被称为"兴国之魂"，是社会主义先进文化的精髓，由此可见，社会主义核心价值观对中国社会主义建设具有重要作用。它在社会中起支配地位，是一个社会长期遵循的价值准则。

习近平总书记在多个场合提及社会主义核心价值观，也强调社会主义核心价值观是文化软实力的灵魂、文化软实力建设的重点，是习近平关于治国理政的重要组成部分。文化自信本身就是对国家的自信，而文化的灵魂是社会主义核心价值观。我们生而为中国人，最根本的是我们有中国人的独特精神世界。价值观是评判是非对错的基本准则，涉及生活中的各个领域。价值观具有社会历史性，在不同时代，人的价值观也会有所不同。社会主义核心价值观正是在中国特色社会主义伟大实践过程中孕育而来的，它是中国时代发展的产物。培育和践行社会主义核心价值观离不开文化自信，两者辩证统一。没有核心价值观，一个国家和社会就会得"软骨病"，更难以形成文化自信。培育社会主义核心价值观能够引领社会思潮，增强文化的感召力和凝聚力，提升文化自信。

价值观的养成并非一蹴而就，需要学生们持之以恒，分层次、抓重点，通过实践去践行社会主义核心价值观。培育社会主义核心价值观需要立足于中华优秀传统文化。中华文化是国家之根本，形成了独特的价值体系，影响着人们日常的思维和生活方式。青年学生应该不断提升自己的文化涵养，增强中华优秀传统文化归属感，增强民族自信心和自豪感。

三、为中国梦的实现提供精神动力

中国梦是每一个中国人的梦，目前最大的梦就是实现中华民族的伟大复兴。所谓复兴并不是扩大疆土，也不是成为世界霸主，而是回归到以前国家富强、人民幸福和祖国统一的时代。改革开放以来，中国的经济实力、科技实力迅速提升，在实施脱贫攻坚战略之后，中国的人均收入也提升了一个高度。正所谓厚积薄发，如今的中国已经拥有了实现中华民族伟大复兴的物质基础。但有物质基础还远远不够，精神食粮也是不可或缺的条件。文化自信是重要的精神食粮，文化自信包含了对自身的肯定以及对未来充满信心，最主要的一点就是包含了时代所需的品质。实现中华民族伟大复兴的前提是提升文化自信。只有坚定文化自信才能激发全民族的活力，建设文化强国。

有了梦想就要付出行动，否则就成了白日梦。如今青年学生已经成为实现中国梦的最主要力量，他们的一言一行都会影响到中国未来的发展。他们青春活泼、热情似火，有一种敢拼敢闯的劲头。敢为梦想来一场说走就走的旅行，敢为梦想寒窗苦读十几年，自然也敢为中国梦的实现倾尽所有。中国梦的实现，需要有一种正确的人生态度。这种态度来自对中国的自信，不仅是道路自信、理论自信、制度自信，更是一种文化自信。既有几千年文化底蕴的自信，也有艰苦奋斗、富有朝气的自信。中国历史上曾经历过大起大落，既有过鼎盛的唐宋时期，也有过屈辱的晚清时期。即使在最低落之时我们依旧没有倒下，这是一种精神在支撑着我们，这种精神就是爱国精神。有国才有家，国家灭亡了，家也就不是家了。如今我们处于一个和平的年代，中国也在逐步发展，为了国家富强和人民幸福，新时代的青年们还要携手同行，一起为梦想向上拼搏。

四、有利于加强文化软实力，助力文化强国

"软实力"这个概念最早是由美国哈佛大学教授约瑟夫·奈在 1990 年《对外政策》杂志上发表的《软实力》一文中明确提出来的。2004 年的时候又对"软实力"的概念进行了补充，他认为"软实力"是指一个国家的凝聚力和感召力，与经济实力、科技实力、军事实力和资源实力为主的"硬实力"有所区别。在全球化影响下，国内对于软实力也逐渐重视起来。软实力在当今社会的地位不

可忽视。习近平总书记也非常重视国家软实力，习近平总书记指出，提高文化软实力就要展现出中国文化的魅力。这种文化魅力是我们对文化的自信。一个国家如果没有文化实力，文化自信也就无从谈起。

文化自信对文化软实力的提升具有重要作用。文化上的自信是自信力的最高表现，这是一种天生的优越感。不管其他国家经济上如何发达，但是文化上中国还是略胜一筹，这就是我们国人的一种自信。现在各国之间的较量不仅体现在硬实力的较量上，也体现在软实力的较量上。传播中华文化，让中华文化走向世界，让更多的外国人了解中国文化，提升中国在国际上的影响力。

文化软实力具有无形性和隐蔽性的特征。无形性主要体现在形式上，具体表现为一个国家的精神信仰、思维方式和人文素养等，其存在方式是无形的，没有固定的存在方式。它可以通过人的行动或者思维体现出来，影响其他国家或者民族的选择，并吸引其主动效仿，无形当中提高了自身文化的影响力。隐蔽性主要体现在方式上，它是一个润物细无声的过程，是经过时间的推移潜移默化的过程。

文化软实力不是直接通过文化产品或者文化服务来影响其他国家或者民族，而是以它们作为文化载体，将本国的文化理念融入文化产品或者文化服务当中，使其他国家的人民在享受文化产品或者文化服务带来的满足时，也会间接认可本国的文化理念。

提升文化软实力重点还是"走出去"，加强与各国之间的交流，传播中国文化。文化软实力对外表现为一种吸引力、影响力。习近平总书记在十九大报告中也指出要推进国际传播能力建设，讲好中国故事，展现真实、立体、全面的中国，提高国家文化软实力。传播中国文化的主体主要是留学青年学生，他们经受中国文化的熏陶，带有深深的中华文化印记，远赴异域求学。他们的出国不仅是学习国外文化，更是一种文化的输出。在与外国人进行交流中可以通过自己的行为或者思维方式影响外国人的行为或思维方式，从而有利于传播中国文化，展现出中国的独特魅力。因此青年学生面对多元文化的交织时要有一种文化自信感，以自信的态度讲好中国故事，传播中国声音，让更多的人了解中国，提升中国文化的国际影响力。

第三节　文化自信与中华民族伟大复兴

习近平总书记指出："文化自信，是更基础、更广泛、更深厚的自信，是更基本、更深沉、更持久的力量。"① 这句话鲜明地道出了文化自信的来龙去脉。文化自信是扎根于中华民族悠久的、雄厚的文化历史底蕴。如果没有辉煌的中华民族文化历史，文化自信就无从谈起。文化自信又是实现中华民族伟大复兴的精神力量。近代以来中华儿女赴汤蹈火、前赴后继，为的就是实现中华民族的伟大复兴。民族复兴需要民族精神和民族力量，正如习近平总书记所说："一个民族要实现复兴，既需要强大的物质力量，也需要强大的精神力量。"② 而这种精神力量就来自文化自信。

一、文化自信扎根于中华民族的文化历史当中

中华民族作为一个勤劳智慧和有深厚历史底蕴的民族，曾经在人类文明发展史上创造出令每一个中华儿女都为之骄傲和自豪的辉煌成就，"中华民族为人类文明进步做出了不可磨灭的贡献。"③ 尤其在近代西方工业文明尚未产生之前，中国一直是令世界人民心驰神往、倾心折服的精神圣地，中华文明一直是人类文明谱系中一颗最耀眼的"明星"。可以说在近代以前，中华民族文化的心理状态

---

① 习近平. 习近平谈治国理政：第 2 卷 [M]. 北京：外文出版社，2017：36.
② 中共中央宣传部. 习近平总书记系列重要讲话读本 [M]. 北京：学习出版社，人民出版社，2016：187.
③ 中共中央宣传部. 习近平总书记系列重要讲话读本 [M]. 北京：学习出版社，人民出版社，2016：201.

是自信满满的，根本不存在文化不自信的问题。纵观中华文化发展史，中华文化经历了春秋战国、秦汉、隋唐、宋元和明清等不同的发展阶段，每一个历史阶段都创造出了令人叹为观止的文化成果，这些成果都是值得中华儿女自豪和骄傲的。

春秋战国时期，正是我国社会形态从奴隶制向封建制过渡的时期，也是中华文明走向历史辉煌的第一个时期。这一时期，中国的生产力发展达到了当时世界上最先进的水平。有"铁器的制造和应用"，"大规模水利工程的兴修"，哈雷彗星的记录，《甘石星经》中记载的恒星表，《周髀算经》中的"勾股定理"，《扁鹊内经》记录的汤药、针灸等医学疗法，《墨经》中的物理学，文学中的《诗经》，散文中的《庄子》《韩非子》，"以及在艺术的发展方面，如绘画、雕塑、音乐、舞蹈等都达到了前所未有的水平。"生产力的发展促进了思想文化的大发展。在中国的思想文化界产生了诸如孔、墨、老、庄等首批"学术专家"，形成了"百家争鸣、百家齐放"的诸子百家思想体系，创造了中国文化的"轴心时代"。诸子百家思想内涵丰富，成为中国众多学术文脉之源头。百家之学虽然源流、内涵、特点、长短得失各异，但在匡世济时、矫弊救民、推动社会发展进步方面却是相同的。诸子百家之学中所体现出来的思想精髓和人格魅力深刻塑造了中华民族的精神风貌，孕育了中华民族文化的基本精神，成为中华民族"独特的精神标识"，同时也铸就了中华民族文化自信的历史源头。

秦汉时期，中国实现了大一统，经济得到快速发展，社会长期趋于稳定，文化获得空前发展，成为中华民族文化自信的重要积累期。秦汉统治者通过"书同文、车同轨、行同伦"，"罢黜百家、独尊儒术"等一系列政策措施统一了文化，确立了儒学的正统地位。秦汉时期在科技、思想、文艺等方面均取得辉煌成就。在技术方面，铁犁、耧车、翻车、风车等在农业中得到广泛使用，落下闳制造出浑天仪，张衡制造出地动仪，造纸术的发展更是体现了中华文化建设成效对世界贡献的重要方面；在数学方面，《九章算术》已经形成了完整的算术体系；在医学方面，《神农本草经》标志着具有中国特色的药学系统形成，张仲景的《伤寒杂病论》，以及华佗的麻沸散和五禽戏代表着当时临床医术的最高水平。在思想方面，"独尊儒术"这种定于一尊的文化政策影响了中国几千年的文化发展方向；在艺术方面，秦朝的乐府、秦始皇陵兵马俑，汉代的汉赋、百戏等，展现出这段时期艺术成就的最高水平。中外文化交流广泛而频繁，张骞出使西域，与中亚、西亚北非及欧洲一些国家和地区建立了一定的经济文化往来关系。随后，班超和甘英再次出使西域，进一步促进了中西方经济和文化的交流。海上丝绸之路也获得新进展，中国的海外交通航线和丝绸贸易首先见于汉代历史文献。汉武帝统一东南沿海后，积极扩大与海外各国的经济和文化联系，形成了有中国文字记载以来的第一条印度洋远洋航路，汉代印度洋远洋航路的开辟与东西方海上大动脉的形成，开启了中外文化交流史的崭新篇章。

隋唐时期，疆域辽阔，国力强盛，中华民族文化的发展达到高峰。在科技方面，隋朝出现了刘焯的皇极历，唐朝产生了戊寅历、麟德历、大衍历三大历法；唐朝的一行和尚首次发现恒星移动，比欧洲早一千多年。隋朝名医巢元方写出《诸病源候论》，这本医学专著是中国第一部详论病因、分类疫病、鉴别和诊断各类疾病的著作。唐朝名医孙思邈著有《千金要方》《千金翼方》两部医学专著。孙思邈在医学上的突出贡献，被后人尊为"药王"。隋朝著名工匠李春设计建造出赵州桥，成为世界上最古老的单孔大拱桥。在文学艺术方面，唐朝是中国古典文化史上的黄金时代，涌现出一大批诸如李白、杜甫、白居易等杰出的诗人和文学家，为后人留下了丰富的唐诗，成为中华民族文化瑰宝。隋唐的艺术成就不凡。展子虔的《游春图》是现存最早的山水画卷，阎立本的《历代帝王图》和《步辇图》一直流传至今。雕塑方面有著名的唐三彩、龙门奉先寺、乐山大佛等。书法方面有欧阳询、颜真卿和柳公权等书法大家。对外文化交流十分活跃，当时世界上有数十个国家与唐朝有政治交往和经济文化交流。世界各国文化汇集中国，形成了以中国本土为中心的"中华文化圈"。南亚的佛学、历法、医学、语言学、音乐、美术；中亚的音乐、舞蹈；西亚和西方世界的拜火教、景教、摩尼教、伊斯兰教、医术、建筑艺术及至马球运动等纷至沓来，形成中外文化交流的宏大场面。

宋元时期，文化建设取得很大进展。在技术方面，毕昇发明活字印刷术，指南针技术已经被掌握并运用到航海中，火药得到大量生产并运用到军事中；沈括著有《梦溪笔谈》，该书详细记载了天文、数学、物理、化学、生物、地理、医学、地质等各个领域的科学成就；郭守敬著有《授时历》，推算出一年有365.2425天，与今天测算的实际时间相差只有26秒，比现代通用的格列高利历早了300多年。在文学方面，宋词元曲成为主流。据唐圭璋所编《全宋词》介绍，宋朝词人数量高达1330多位，作品多达1.9万余首，著名词人有柳永、苏轼、辛弃疾和李清照等。元代被称作是我国戏曲史上的黄金时代，有关汉卿、白朴、马致远、郑光祖"元曲四大家"，元杂剧作品见于文献著录的达500余种，流传至今的有160余种。史学成就空前繁荣，司马光的《资治通鉴》是我国古代一部杰出的编年体史著，另外还有郑樵的《通志》、马端临的《文献通考》、欧阳修的《新唐书》、薛居正的《旧五代史》，以及《宋史》《辽史》等，都是一批极有价值的史学著作。对外文化交流上的发展也是空前的，宋代一改以前陆上丝绸之路的风格，转向以海上丝绸之路为主线的对外文化交流形式，成为"划时代的变化"。宋代海外贸易所及地区东起高丽、日本，南至南洋群岛，西迄波斯湾及东非海岸。海外贸易活动地区之广、贸易之频繁是前所未有的。元代又开创对外交通新局面，达到所谓"古代中西交通史之极致"的境界。如马可·波罗经丝绸之路不远万里来到中国，写下了震撼中世纪欧洲的奇书《马可·波罗游记》，从而开阔了中世纪欧洲人的地理视野，对欧洲人走出中世纪、迈向近代文明起到非常大的促进作用。

明清时期，是中国社会由封建集权制逐步走向近现代的转折期。这一时期，中华民族文化在许多方面都取得了新的突破和成就。在科技方面，虽然中国科学技术的整体发展水平落后于欧洲，但在某些领域取得了巨大成就，诸如李时珍、徐光启、宋应星、徐霞客、朱载堉就是这一时期最杰出的科学家。李时珍著有《本草纲目》一书，全书共 52 卷，使药物学研究进入到一个新的阶段。徐光启著有《农政全书》，全书共 60 卷，是一部实用性很强的农业科学著作。宋应星著有《天工开物》一书，该书对纺织、染色、制盐、造纸、烧瓷、炼铁等生产过程和工序进行了详尽的介绍，而且还提出了一些对化学、物理变化的认识。徐霞客著有《徐霞客游记》一书，该书最杰出的贡献就是对西南广大石灰岩地区溶蚀地貌的考察，徐霞客因此成为世界上对石灰岩溶蚀地貌进行研究的第一人。朱载堉著有《乐律全书》，创建出十二平均律，比欧洲人早了数十年，被后人誉为"钢琴理论的鼻祖"。明代建筑也取得新进展，其典型代表就是北京紫禁城。天文学领域，代表当时中国天文学最高成就的《仪象考成》一书问世，还有梅文鼎写成《中西算术通》一书，明安图著有《割圆密率捷法》等。地理学领域，康熙年间绘制出《康熙皇舆全览图》，乾隆年间绘制出《乾隆内府舆图》，这在当时地图绘制方面是走在世界前列的。在文学方面，我国著名的四大古典小说《三国演义》《水浒传》《西游记》《红楼梦》就产生于这一时期。除此之外，还有长篇小说《金瓶梅》《儒林外史》《镜花缘》，短篇小说"三言"和《聊斋志异》，戏剧《牡丹亭》《长生殿》《桃花扇》等。在艺术方面，明清时期涌现出一大批著名的画家，将古代的绘画发展到了一个新的高度。其中最著名的有"明四家"：沈周、文徵明、唐寅、仇英，"清初四王"：王时敏、王鉴、王聚、王原祁等，这些画家的成就都是令后人为之骄傲和自豪的。在对外文化交流上也让后人叹为观止，明初郑和七下西洋，把以"输出"为主流的中外文化交流推向了顶峰。

可以看出，从春秋战国时期中华文化传统基本定型、大一统的中华民族形成以来，一直到鸦片战争以前，中华文化屹立于世界之林。可以说，在鸦片战争以前，没有哪一种文化能够与中华优秀传统文化相媲美和相抗衡的，这正如孟子所说："吾闻用夏变夷者，未闻变于夷者也。"就是因为中华文化的强大力量，锻造出中华民族强大的民族精神，使中华民族五千多年历经风风雨雨，却始终自强不息，薪火相传、屹立不倒。所以，习近平总书记说："中华优秀传统文化是中华民族的突出优势，是我们最深厚的文化软实力。"① 文化自信就是深深扎根于中华民族五千多年文明历史中所孕育出的中华优秀传统文化。因为中华优秀传统文化饱含着中华民族的精神追求，是中华民族独有的精神标志。只有中华优秀传统文化才能体现出文化自信的本色和底气，也只有从中华优秀传统文化中才能汲取中华民族的民族精神，彰显中华民族的民族气派，为中华民族伟大复兴提供强大的自信和力量。

二、文化自信是中华民族伟大复兴的精神力量

文化自信不仅扎根于中华民族五千多年创造出的灿烂文化中，而且还体现在当中华民族出现危机时，从中华文化中所凝聚出来的挣脱这一危机，奋力实现民族复兴的强大精神力量上。自鸦片战争以来，民族危机成为中国的一大问题，而如何挣脱民族危机，实现民族复兴是中华民族之大夙愿。民族危机最能考验一个民族的精神力量。一个民族能否从民族危机中走出来，再次实现民族复兴，主要看这个民族的文化精神中有没有蕴藏对自己的文化的强大信心，也就是我们所说的文化自信。文化自信既是基于我们民族苦难和奋斗史的文化自觉与自豪，又是我们民族寻找自身伟大复兴之路的文化史的历史展示。历史事实证明，民族危机就是民族文化的危机，民族复兴就是民族文化的复兴。只有坚持民族文化精神，民族复兴才有前进的力量和希望。近代中华民族处于困境和危机之中时，是中华民族优秀文化给了革命者前赴后继、顽强拼搏的精神支撑，才使得中华民族最终获得民族独立和解放。今天，中华民族正走在伟大复兴的康庄大道上，中国人民更应该敬畏自己的民族文化，从中华文化中汲取精神力量，坚定文化自信。

---

① 习近平. 习近平在全国宣传思想工作会议上的讲话 [N]. 人民日报，2013-8-21。

　　文化自信是民族复兴的必要条件。民族复兴首先是民族文化的复兴。文化是民族生存和发展的重要力量，一个民族国家的兴盛，总是以民族文化的兴盛为支撑的。习近平总书记说："实现中国梦，是物质文明和精神文明均衡发展、相互促进的结果。没有文明的继承和发展，没有文化的弘扬和繁荣，就没有中国梦的实现。"① 古往今来，中华民族之所以为世界人民所敬仰，靠的不是穷兵黩武，也不是殖民扩张，而是中华文化的强大的文化感召力和吸引力。文化自信与民族复兴紧紧联系在一起。文化自信是对自身文化生命力的坚定信念，也是对民族复兴的坚定信念。习近平总书记在谈到民族复兴时一再强调："没有文化的繁荣兴盛，就没有中华民族伟大复兴。"② 这是因为"一个民族要实现复兴，既需要强大的物质力量，也需要强大的精神力量"③。对于一个民族的复兴，物质力量固然很重要，但物质力量只是民族复兴的基本需要，如果一个民族要想获得真正的复兴、彻底的复兴，精神力量是关键。"一个伟大民族的过去、现在和未来，都有文化的发展和繁荣相伴随"④。在几千年的发展历程中，中华民族遇到无数艰难险阻最终都挺过来了，靠的就是博大精深的民族文化。可以说，没有中华民族文化力量的支撑和引领，中华民族不可能有辉煌的过去，也不可能有美好的今天和灿烂的明天。中华文化已经成为中华民族在前进道路上战胜一切困难的力量源泉和精神支柱。今天，我们坚定文化自信，就是坚信中华民族创造了源远流长的中华文化，并且，中华民族也一定能够创造出中华文化新的辉煌。

　　文化自信是民族复兴的内在要求。一个民族的复兴，需要有共同的价值诉求和精神支撑。只有坚定文化自信，才能深刻领会民族复兴的价值内涵，中华文化对中华文明延续发展几千年而从未中断，对形成和巩固中国多民族统一体的大家

---

① 习近平. 第三届核安全峰会并访问欧洲四国和联合国教科文组织总部、欧盟总部时的讲话 [M]. 北京：人民出版社，2014：16.
② 中共中央文献研究室. 十八大以来重要文选编：中 [M]. 北京：中央文献出版社，2016：121.
③ 中共中央宣传部. 习近平总书记系列重要讲话读本 [M]. 北京：学习出版社，人民出版社. 2016：187.
④ 中共中央宣传部. 习近平总书记系列重要讲话读本 [M]. 北京：学习出版社，人民出版社. 2016：6.

庭，对形成和丰富中华民族精神，对激励中华儿女维护民族独立、反抗外来侵略，对推动中国社会发展进步、促进中国社会利益和社会关系平衡，都发挥了十分重要的作用。文化自信是对中华文化价值的充分肯定。文化自信是中华民族伟大复兴的价值根基。我们对中华民族伟大复兴充满自信，这个自信就来自中华民族长期积累的文化滋养以及拥有的价值源泉。今天，我们正在建设的中国特色社会主义伟大事业就是一项有价值诉求的伟大事业，就是对中华民族优秀文化价值的继承与发展，是中华儿女决心实现民族复兴的生动写照。中华民族伟大复兴的中国梦意味着中国人民和中华民族的价值体认和价值追求。中华民族在中华民族文化的历史底蕴中建立起来的文化自信，是对中华民族文化的价值体认，是对中华民族伟大复兴的价值追求，深深指引着中华民族伟大复兴前进的道路。

文化自信是民族复兴的现实需要。早在 1998 年，联合国教科文组织在《文化政策促进发展行动计划》中就写道："未来世界的竞争也将是文化或文化生产力的竞争，文化将成为 21 世纪最核心的话题之一。"如今进入 21 世纪，我们确实感受到了在当今世界舞台上，国家之间的综合国力的竞争，在很大程度上就是文化领域的竞争。实现中华民族伟大复兴，需要文化自信中的文化软实力来支撑。从大国的成长史来看，西方历史上所有大国的崛起几乎都是依靠军事扩张和殖民掠夺的这种硬实力来实现的，如荷兰、英国、西班牙、葡萄牙等。但是这些大国的霸主地位并没有维持多久，最终被别的国家所摧毁或取代。这一现象表明，缺少软实力的支撑，硬实力在国家成长中是发挥不了持久效用的。历史上的中国能够延续几千年，除了依靠一定的硬实力外，还有强大的软实力。《周易》中提出："地势坤，君子以厚德载物。"《易经》中指出："德不配位，必有殃灾。"孔子也说："德薄而位尊，智小而谋大，力小而任重，鲜不及矣。"事实证明，一个国家国力的强弱以及它在世界范围影响力的大小，与这个国家的文化软实力有着很大的关系。

中国通过改革开放和现代化建设，以经济实力为主导的硬实力已经达到一定的水准。而如何突破现有的经济发展态势，关键在于文化软实力的提升。中华文化虽然有数千年的历史，但是在参与全球化文化的竞争中，中华文化的主体性体现得不够。文化主体性一旦削弱和丧失，就可能意味着民族历史被中断，民族精神和文化传统被淹没。在西方推行的文化霸权主义和文化孤立主义面前，必须重建中华文化的主体意识，积极展现具有主体性的文化形态和价值理念。这就需要树立和坚定文化自信，通过以文化自信为前提和引导的文化软实力建设，找到中华文化的根和魂，把中华优秀传统文化资源转化为今天的中国文化软实力。中华民族素有文化自信的气度，正是有了对民族文化的自信心和自豪感，才能在漫长的历史长河中保持自己、吸纳外来，形成独具特色、辉煌灿烂的中华文明。我们坚信，在马克思主义的指导下，中国共产党领导中国人民齐心协力加油干，中华文化一定会形成以中国道路、中国理论、中国制度、中国精神、中国智慧等为内涵和标识的中国文化软实力，为中国的今天和明天领航和助力。

第二章　当代高职院校文化育人面临的挑战与现实困境

新中国成立以来特别是改革开放以来，中国职业教育发生了巨大而深刻的变化，取得了令人举世瞩目的成就。中国教育研究院、高等教育出版社等多个单位联合发布的《2022 中国职业教育质量年度报告》首次评出"教学资源 50 强"。50 强院校中，双师素质专任教师比例超过 70% 的有 39 所，13 所院校企业提供的校内实践设备值超过 1000 万元；44 所院校企业兼职教师年课时总量超过 1 万学时。从以上可以看出，职业教育的软实力和社会吸引力正在不断提高。

从高职院校文化的视角来看，中国高职院校特别是一批高水平高职院校普遍比较重视高职院校文化建设，高职院校文化育人的理念日益受到重视，育人途径也呈现出多样化的趋势。与此同时，由于当前中国高职院校发展面临严峻的国内外环境，高职院校文化育人正经受着各种压力和挑战，在理念、主体、内涵、方法、途径和机制等方面还存在着一系列的问题，需要进一步加强。

第一节　高职院校文化育人面临的挑战

当前，国际局势纷繁复杂，社会发展大步向前，媒体传播方式日新月异，高校意识形态工作机遇与挑战并存。一方面，社会转型带来思想多元多变，反映社会开放包容的同时也加剧了不同观念的竞争、对抗和冲突，象牙塔内各类价值观念不断交流融合、博弈互动。另一方面，西方意识形态渗透冲击不断，将我国高校作为价值输出的重要目标，不断加大思想演化力度，给我国意识形态安全带来严峻挑战。加之网络新媒体双刃剑作用凸显，对人们的思想观念发挥重要的重塑作用，在"人人都有麦克风"的"自媒体"时代，传播主体的不可控性大大增强，使得网络环境的清朗有序更加难以维持，对师生的影响更加难以估量。高职院校历来是意识形态的前沿阵地，其意识形态工作一方面具有敏感性和复杂性，同时又具有典型性和示范性。保持意识形态工作根本地位不动摇是高职院校改革发展稳定的重要前提，高职院校必须牢牢把握主导权。

一、新时代呼唤中国高职院校承担新使命

党的二十大报告指出："我们要坚持教育优先发展、科技自立自强、人才引领驱动，加快建设教育强国、科技强国、人才强国，坚持为党育人、为国育才，全面提高人才自主培养质量，着力造就拔尖创新人才，聚天下英才而用之。"长期以来特别是党的十八大以来，我国高等教育取得了全方位、开创性的历史成就，发生了深层次、根本性的历史变革，高等教育迈上创世界一流高职院校和一流学科的新征程，展现出前所未有的优势，主要表现在以下几个方面：

（一）办学实力显著增强

经过新中国成立特别是改革开放以来的发展，国家对教育的财政性投入持续增加，我国建成了世界上规模最大的高等教育，培养着占世界约 1/5 的高职院校生，取得了举世瞩目的成就，我国高职院校在世界高职院校排行榜的位置整体大幅提升，开始进入世界第一方阵，一批重点高职院校和学科跻身世界一流行列或前列，近 100 个学科进入 ESI（Essential Science Indicators，基本科学指标数据库）世界前千分之一。我国工程教育也正式加入国际互认的"华盛顿协议"，实现了完全国际实质等效的质量认可。高职院校获得国家科技三大奖（自然科学奖、技术发明奖、科技进步奖）占比持续超过 66% 以上，产出一批具有国际领先

水准的标志性成果。

教育部、国家统计局、财政部发布的《2021 年全国教育经费执行情况统计公告》显示，2021 年全国教育经费总投入为 57873.67 亿元，比上年增长 9.13%。其中，国家财政性教育经费（主要包括一般公共预算安排的教育经费，政府性基金预算安排的教育经费，国有及国有控股企业办学中的企业拨款，校办产业和社会服务收入用于教育经费等）为 45835.31 亿元，比上年增长 6.82%。我国各级学校的办学实力得到了显著的增强。

（二）人才培养数量大幅攀升

目前，我国已有 2 亿人接受过高等教育，这个数字和美国接受过高等教育的人数大体相当。按照目前中国高等教育发展趋势测算，再经过 15 年的持续发展，我国接受过高等教育的人数将与美国的总人口数持平，也就是说到时我国将拥有世界上最大规模的接受过高等教育的绝对人数。这也意味着，我国在许多重点领域将有能力汇聚更多人才，将有实力集中力量攻克更大难题，在激烈的国际竞争中抢占先机、赢得主动。

（三）历史文化积淀得天独厚

中华文化源远流长、底蕴深厚，中国历来有尊师重教、崇学尚德的历史传统，中国古代的太学、书院等高等教育机构也具有许多值得今天继承和反思的优点，中华优秀传统文化博大精深、影响深远，中国特色社会主义文化蓬勃发展、持续繁荣，这些文化元素是推进人才培养的根基和血脉，也是涵养高职院校文化自信的深厚沃土。

高职院校文化积累离不开历史积淀，是因为在其品位积淀的物化、制度、精神三层次中，前者是一个短时间内可改变的元素，而后两者是需要历史奠基才可能在时代背景下优化。高职院校的传统文化底蕴与其文化厚度连在一起决定了要重视其历史积淀。同时也是因为高职院校的传统文化积淀与延续下来的现实品位是贯通的。并且，高职院校的传统文化气质因与其周遭环境有机融合，而必然与处于同样环境中的高职院校的现代文化气质相一致。这就是"高职院校文化传承"问题。"文化传承是创设高职院校教育理念的个性需求。世界职业教育都在培育和积淀着其特有的文化，正是这种对传统文化亘古不变的保存精神才激励着职业教育不断发展。

（四）未来发展机遇前所未有

从世界发展史来看，新一轮工业革命和科技革命孕育兴起，以人工智能、云计算、物联网为代表的新一代信息技术日新月异，知识创新和科技进步已成为经济社会发展的决定性力量，全球高等教育改革方兴未艾，为我国高等教育发展提供前所未有的大好机遇。从国内来看，科技强国、质量强国、人才强国、创新驱动发展等国家重大战略，"一带一路"倡议、京津冀协同、长江经济带、粤港澳大湾区建设等国家重大部署，以及产业转型升级等都对培养高素质专业人才提出新的更高要求。

可以说，中国高等教育经过前期的快速发展也进入了新时代，站上了一个新的历史方位，供求关系发生了深刻变化，正由大众化教育向普及化教育迈进，高等教育领域的主要矛盾由过去的"有没有"转变为现在的"好不好"的矛盾。新时代党和国家对高等教育的需求、对科学知识和卓越人才的渴求比以往任何时候都更加迫切和强烈，这必然意味着高职院校承担的使命和责任前所未有、重大而艰巨，特别是随着中国大踏步走近世界舞台的中央。因此，面对新形势，立足新坐标，高职院校必须主动迎接新时代、引领新发展、担当新使命，坚持扎根中国大地办高职院校，加快建设中国特色世界一流高职院校和一流学科的步伐，始终坚持为国家所需培养一流人才，构建一流高职院校文化，着力培养担当民族复兴大任的时代新人。

二、新媒体环境下以文化人面临新挑战

新媒体（New Media）一词 1967 年由美国哥伦比亚广播电视网（CBS）戈尔德马克（P. Goldmark）率先提出，此后，这一颇具创新意义的词汇不胫而走，成为世界范围内被广泛使用的概念。新媒体作为一种媒体形态，其"新"主要是相对于传统的电视、广播、户外和报刊等媒体而言，是以数字化为基本特征的媒体形式。有人说新媒体发展到今天，已经到了一种"万物皆媒"的时代，新媒体更多的是为人们创设一种全新的媒体环境。

新媒体相对于传统媒体，呈现出许多新的特点，主要包括：

1. 传播资源海量化。"人人都有麦克风"，每个人都可以成为信息的主体，导致大量信息源、多元多样的传播内容涌入公众视野，并经过参与者转发、加工后几何式倍增。

2. 传播手段数字化。文本、图片、影音等多媒体内容均可以数字化方式传播，信息传输、复制、修改和转换都更加便捷、高效，真正达到了当真相还在"穿鞋"的时候，谣言已经跑遍整个地球的程度。

3. 传播方式交互化。信息源与受众之间主体边界模糊，不再是"我讲你听"单方掌握话语权的传统模式，时时互动、时时转换，信息传播双方呈现出公平与对等的特性，每个人既是教育者又是受教育者。

4. 传播服务订单化。受众完全可以根据自己的喜好选择、分享信息源，媒体也可以根据受众的兴趣爱好提供订单式推送，甚至可以做到根据受众的日常浏览来判断其兴趣爱好，进而主动推送受众可能感兴趣的信息。

5. 传播语境碎片化。新媒体环境下快餐式阅读成为习惯，网络语言、新媒体语言正在形成新的传播话语体系，获取信息的碎片化特点明显增强，导致高职院校生无法静下心来阅读经典，满足于一知半解甚至断章取义的碎片化信息，文化知识的获取系统性不强、学习和理解也不够深刻。

新媒体的这些特点，使得新媒体下的高职院校校园完全不同于传统的高职院校校园；互联网特别是手机新媒体对高职院校生的吸引力和吸附性极强，使得高职院校生对网络新媒体的依赖达到了严重依赖的程度，深刻改变着高职院校人与人之间、高职院校与社会之间的交往关系，高职院校文化育人主体不再具有唯一性；意识形态领域面临更大挑战，多样思潮和多元文化在相当大的程度上消减着主流意识形态，网络舆论引导和网络管理等工作还存在诸多的不适应，高职院校文化传统、以文化人工作正在面临新的挑战。

高职院校学生的思想行为与学习生活呈现新特点，网络虚拟空间，如网上商店、在线订餐、虚拟社区和社团等，进一步打破了时空界限，媚俗、恶搞等泛娱乐化网络文化异化现象不容忽视；慕课（MOOC）、雨课堂等改变了传统课堂教学的方式；虚拟现实技术和网络技术的快速发展，使网络虚拟情境成为可能，模拟高职院校物质文化空间，如网络展览馆、电子图书馆、虚拟实验室等，将会深刻改变传统高职院校物质文化育人的思维和逻辑。因此，在高职院校文化建设及其育人过程中，必须主动适应这些新特点，积极用好新媒体传播高职院校精神，推进高职院校文化育人工作前行。

三、新形势学生思想行为呈现新特点

青年期学生以心理叛逆和自我意识觉醒的并存为特征，其主体性处于由自在性向自为性发展转变的人生阶段。青年阶段的身心特征决定青年文化总是与社会主导的主流文化处于偏离、矛盾、冲突和双向互动的过程中，既折射反映出时代发展变迁的强烈特征，也不可避免地受到来自社会大环境的影响。当代高职院校生所处的学习生活环境发生了很大的变化，特别是受到上述经济全球化的冲击、市场经济的负面影响、多元文化的价值冲突、网络新媒体带来的新挑战等影响。一方面，学生所处的成长环境更加多样化；另一方面，学生也承受了来自学业、就业、生活等方面快速发展带来的更大压力，其思想行为呈现出许多新的特点。

（一）价值取向趋向多元多样

总体来看，高职院校学生群体爱国主义和民族自豪感高涨，对党和国家的大政方针持积极肯定的态度。与此同时，部分学生群体的思想认知与行为依旧存在差距，在思想观念的接受与实践落实之间，依旧存在断层。

（二）思想认识更加独立自我

当代高职院校学生大多为独生子女，成长环境、教育方式等使得他们形成了较强的自我意识，缺乏团队协作意识与奉献精神，对未来充满信心与抱负，具有一定的知识积累，对许多问题有自己的看法，但由于生活经历有限、社会阅历缺乏，他们对许多问题的看法具有片面性、功利性，加之还要不得不面对理想与现实之间的落差，时常会迷茫甚至焦虑。从育人角度看，他们的这种"独立性"使得他们对说教式的思想政治教育有一定的抵触心理，这也使得高职院校的思想政治教育成效打了折扣。

（三）个体特征差异化特点明显

当前社会氛围更加包容、成功标准多样化，激发了高职院校学生特有的创新活力，使他们看待与解读事物有着全新的角度。调查显示，以短视频、APP等全新形式搭载主流价值更易被高职院校生接受。传统"一对多""点对面"的教育模式已经无法适应当前学生个性化发展的新要求，"一把钥匙开一把锁"的多种教育与评价模式亟待开启。

（四）行为选择的现实性增强

首都高职院校学生思想动态报告显示，学生普遍务实，就业发展和学习科研是学生的两个主要压力来源。一方面表明学生渴望自我价值的实现，对于未来的人生有着合理与现实的规划；但另一方面也反映出在市场经济不断深化的环境下，在高职院校教育与社会需求并不能完全匹配的背景下，学生的学习与择业出现实功利化的色彩与倾向，正确的职业观与择业观有待进一步引导与完善。

　　总体来看，当代高职院校学生思想行为状况积极健康向上。与此同时，在经济社会高速变化之下，高职院校教育培养与文化育人的每一点儿滞后，都会给高职院校生的思想带来消极影响，这将需要凝聚各方力量共同进行完善与建设。

第二节　高职院校文化育人存在的现实困境

　　长期以来，由于受到国内外大环境和校内外小环境等客观因素的影响，加之各类主体对文化重要性的主观认识相对不足，尽管中国现代高职院校文化建设取得了明显进展和突出成绩，但面对新的形势和任务，高职院校文化育人工作还存在诸多不容忽视的短板和亟待解决的问题。如何找准问题、把准脉搏，深刻分析高职院校文化育人过程中存在的问题，提出针对性强的对策措施，是摆在我国高职院校面前迫切需要研究和解决的重大课题。

一、文化育人的理念有待进一步深化

　　高职院校文化建设与高职院校文化育人之间既有联系又有区别，高职院校文化育人与高职院校文化建设相比，高职院校文化育人是更高层面的文化价值要求。高职院校文化建设侧重于高职院校文化从无到有、从有到优的过程，是高职院校文化育人的前提和基础，有了高职院校文化才能发挥其育人作用；高职院校文化育人则更加侧重于高职院校文化作用的发挥，育人是高职院校文化建设的目的和效果。并且，高职院校文化育人强调高职院校文化主体、内容、途径、方法、机制等各个要素之间的互动，各个要素目标直接指向"人"这个核心。

　　理念是行动的先导。尽管"以文化人、以文育人"概念的提出，为高职院校文化育人提供了思想上的指导，高职院校文化育人的理念也逐步受到重视，但还主要停留在高职院校文化建设层面，高职院校文化育人的理念还有待进一步深化，高职院校还需进一步促进自身文化意识的觉醒，从自发走向自觉。全球化背

景下，高职院校必须把自己的文化置于整个世界文化特别是世界高职院校文化格局中，去重新审视自己的文化并与他人的文化做出比较，找到自身的文化地位，实现多元文化的包容与共存。

从育人的角度看，专业教育、思想政治教育等是育人的主要渠道。目前来看，高职院校以文化为育人内容和载体的理念还没有充分树立，对育人的各个要素及其关系的研究也不够深刻，还缺乏广受师生认可、值得普遍推广的实践经验，其文化育人还远远没有达到自觉的程度。当然，这也符合文化自觉的形成规律，文化自觉从来都是一个缓慢而艰巨的过程。

二、文化育人主体作用发挥不够充分

基于文化的特征，高职院校文化育人的主体较为多元，既包括推动高职院校文化发展的领导者和牵头进行高职院校文化建设的管理部门，也包括直接负责育人工作的教师，还包括参与到高职院校文化育人之中的学生，涵盖所有高职院校人。此外，高职院校文化育人还与学校外部，包括整个社会文化环境、校友和家长的作用息息相关。当前，高职院校文化育人各主体存在有发挥作用不充分的问题。

从高职院校领导者角度看，学校领导层的发展规划不科学，发展要求离社会主义教育的目标要求有一定的偏离。由于高校领导对高职院校文化育人存在不同程度的认识，不重视高职院校精神文化的挖掘，在提出关乎高职院校发展的高职院校理念、办学思想等方面存在不足，在主观上影响了高职院校文化育人作用的发挥。

从管理部门角度看，现在高职院校的文化建设往往由各高职院校党委宣传部门牵头负责，在制度建设上上级教育管理部门并未制定统一的建设标准、考核指标；各管理部门都是根据自己的理解和工作节奏自发地推进，在建设水平和育人作用发挥上水平也不尽相同；同时，各部门往往还存在重硬件轻软件、重物质文化轻精神文化的现象。而且，由高职院校党委宣传部门来统筹推进高职院校文化建设，在工作力度上也还不够，工作推进过程中存在一定困难，也影响效果。

从教师的角度看，教师应该成为高职院校文化育人的主体，但教师忙于教学科研任务，重教学轻育人的现象比较突出，在思想观念上对高职院校文化育人的认识还存在偏差，对高职院校文化的理解和把握也还不到位。许多教师身上缺乏崇尚科学、追求真理、严谨治学的精神，师生关系日渐疏远阻断了高职院校文化传承的血脉，在言传身教、潜移默化教育学生方面还做得不够，特别是结合学科文化特色，如何更好地传递文化自信、形成文化自觉还有很长的路要走。

从学生的角度看，学生既是高职院校文化育人的对象，也是高职院校文化建设的主体。在整个高职院校文化育人过程中，学生的主体地位常常被忽视，个性化发挥不充分，权利也无法得到有效保障，往往都是被动参与到各类校园活动之中，对于各类文化素质选修课也大多是出于修学分的考量，主动学习提升自身人文精神素养的意识还远远不够。

三、文化育人的内涵建设还不够丰富

高职院校文化育人具有丰富的内涵，涉及精神、制度、物质和行为等诸多方面，但由于历史和现实的问题，我国高职院校文化育人的内涵建设还存在一些问题。

（一）精神文化挖掘不够深入

在精神文化育人方面，一方面是对于高职院校精神、高职院校理念等精神文化元素的挖掘凝练还不够，尚未提出具有学校特色的高职院校精神文化表述语。目前，只有一部分历史悠久的重点高职院校开始总结凝练挖掘自身的高职院校精神。有些学校特别是建校时间较短的高职院校，其高职院校精神尚需历史的积淀；有的学校虽然已经开始高职院校精神文化的建设，但概括的却不够准确，很多是在仿效欧美等世界一流高职院校，趋同化现象突出。有关调查显示，相当一部分高职院校都把"团结、勤奋、求实、创新"作为自己的校训或校风,缺乏个性的表达使得师生校友的认可度低,无法引起情感共鸣,以至于学生从入校到毕业,对学校的精神文化毫无感知,更谈不上认同和践行。扎根中国大地、立足本校特色,提出、总结广受师生校友认可的高职院校精神文化表述语,还有较大差距。另一方面,部分高职院校对于学校精神文化的践行和坚守还远远不够,自由宽松的氛围、严谨治学的态度、实事求是的科学精神、向善向美的人文精神等等,都还未能在育人过程中得以充分体现,无法激发师生校友的内生动力和发展活力。我国建设世界高水平职业院校的改革目前更多体现的是"形似"而不是"神似",是"数量"的增长而非"质量"的提高,我国职业院校改革只是"外延"的扩张而非"内涵"的提升,是"硬件"的加强而非"软件"的改善,包含内涵建设和软实力建设等在内的职业院校理念并没有得到足够重视。

(二)物质文化缺乏精神内核

在物质文化育人方面,总体来看,随着中国经济社会的快速发展和综合国力的显著增强,党和国家进一步加大了对高等教育的投入,高职院校也在校园硬件建设方面上了一个新的台阶,许多新校区或新建筑拔地而起,绿化美化等同步跟进,校园文化景观、资源设置等配套建成,也有了一定程度的物质文化育人方面的考量。但与世界一流高职院校相比,中国高职院校的育人环境还存在较大差距,校园建筑现代化气息浓厚,缺乏历史感和文化氛围,且同质化现象明显,往往追求满足于功能性需求,缺乏学校特色和文化内涵,"千校一面"现象确实存在。校园景观建设大多还停留在表面,既缺乏整体谋划设计,又对景观背后的文化内涵挖掘不够。许多校园里建了雕塑、立了铜像,师生却不知道雕塑的内涵、铜像人物与学校的渊源及其事迹和精神,仅仅只是学生毕业照的地标。各个高职院校虽然都建有图书馆,但对图书馆图书的数量、质量、层次等研究还不深入,无法完全满足师生获取信息资源的需要;至于博物馆、艺术馆等文化设施建设,都还刚刚起步,许多高职院校甚至都还没有落地,即使建设了博物馆、艺术馆的高职院校，其文物和艺术品等的数量和质量也都还不高。

（三）制度育人体系不健全

在制度文化育人层面，经过多年的建设，目前各高职院校都普遍制定了高职院校章程，并且正在围绕章程推进制度的"立改废"，这方面的问题主要体现在三个方面：一是制度的制定还不完善，良法是善治的前提。在制度的制定修订上，缺乏长远规划，制度设计不系统也不够科学，还有许多空白需要进一步填补，特别是以制度的方式固化高职院校精神文化，营造自由宽松的学术氛围上还需要进一步探索。二是制度的执行还不到位，制度的生命力在于执行。高职院校制度建设很重要的内容就是行政权力与学术权力之间的博弈。当前，高职院校办学行政化色彩日盛，行政命令往往高于高职院校制度，朝令夕改、"新官不理旧账"现象依然存在，许多制度制定以后不能落到实处，一些制度之间还存在冲突矛盾。三是制度背后所体现的高职院校制度文化特别是价值追求、办学理念、高职院校精神等精神文化元素缺失，很多高职院校为了管理的便捷而制定制度，其制度指导思想上缺乏高职院校精神文化的价值追求，无法形成高职院校理念和精神的硬约束，高职院校制度文化无法为学生提供正能量。

（四）校园文化活动缺乏顶层设计

在行为文化育人方面，校园文化活动缺乏顶层设计，品牌意识不强，还在追求数量而非在质量上下功夫，大量重复的、低水平的校园文化活动无法满足学生成长成才需要，师生投入了大量的时间和精力，育人效果却不佳。与世界一流高职院校相比，中国高职院校的生师比例相对较高，导致对学生的个性关注不够。受到整个社会大环境的影响，高职院校也不再是象牙塔，教师师德、校风学风等问题都是制约人才培养质量的问题。

四、文化育人的方法和途径还需拓展

方法和途径是高职院校文化育人取得实效的关键因素。当前，高职院校对文化育人方法的把握还很不到位，而在高职院校文化育人途径方面，也还需进一步深化和拓展。

高职院校文化育人具有无形性、渗透性、持久性和多样性的特征，这也决定了文化育人方法的独特性，由于对高职院校文化的关注和研究不够，许多高职院校文化建设还处于初期和起步阶段，对文化育人方法的探索和实践也还远远不够。比如在课堂教学主渠道育人过程中，填鸭式的灌输仍是主要方法，而互动式、体验式等教育方法运用的较少。再比如环境濡染是很重要的文化育人方法，古人"形神兼备、情景交融"和"道法自然、天人合一"的育人理念，就是在强调环境育人的重要性，但今天的许多高职院校，往往重硬件轻育人。在硬件建设方面，校园选址往往在喧嚣的城市中心，缺乏依山傍水的自然幽雅之美，校园建筑更是简单实用的钢筋水泥结构，毫无美感可言。

在软实力建设方面，一些高职院校不重视校风学风对学生的濡染作用，重教学轻育人的现象仍然存在，环境育人功效无从说起。再比如，经典阅读是古今中外公认的文化育人方法，但是许多高职院校特别是理工科高职院校不重视经典阅读，学生在校期间忙于专业课的学习，读不了几本课外书，更不要说经典。事实上，正是由于文化育人的特殊性，高职院校在文化育人过程中，必须以春风化雨、润物无声的隐性、柔性方式，通过看不见、摸不着的场域力量，潜移默化地发挥育人作用。

高职院校文化育人在途径上同样还有很大的拓展空间，主要可以从以下几个方面入手。

1. 充分发挥课堂主渠道的文化育人作用。教师与学生的关系还受到我国传统文化中的权威中心主义影响，多年来我国各类高职院校进行了大量的教学改革工作，但以教师为中心的教学模式至今仍然统领着高职院校课堂。思想政治理论课的课堂教学效果还有待提升；许多高职院校由于受师资力量的限制，根本开设不出足够的通识教育课程供学生选修；而专业课程融入核心价值观和高职院校精神文化内容还很不够。

2. 充分发挥宣传工作的育人作用。许多高职院校宣传工作只是报道学校领导出席活动的情况，对基层和一线师生关注不够，对学校校史文化的宣传不够，还不能达到外树影响、内聚合力的效果。

3. 充分发挥校园网络文化育人的作用。很多高职院校面对互联网这把双刃剑和这一最大变量，有效地将其转化为最大正能量的方法和手段还不多，面对迅猛发展的网络新媒体还不同程度地存在本领荒的问题，网络意识形态工作还是工作的短板。

4. 充分发挥多元文化育人作用。随着高职院校国际化的不断推进，多元文化充斥的高职院校校园消减着主流意识形态的力量，如何统筹多元文化，走出一条具有中国特色、学校风格的高职院校文化育人之路还有很长的路要走。

五、文化育人的机制还需进一步健全

当前，高职院校文化建设及其育人还处于高职院校自我认识、自我觉醒的过程中，上级管理部门尚未出台具有较强约束力的指导意见，各个高职院校的工作制度和机制也不完善，推动高职院校文化育人取得实效的内部、外部长效机制尚不健全。高职院校文化点多、线广、面宽，既涉及硬件建设，又关乎软实力提升，涵盖全体高职院校人，并非一两个部门、少数主体所能完成的。从高职院校的实际情况看，高职院校文化育人机制还存在诸多不完善、不健全的方面，高职院校文化育人过程中的规划、决策、管理、运行、监督、评价等各个环节的机制尚未形成有效的闭环系统。

（一）领导体制进一步完善

一部分学校成立了高职院校文化建设领导小组，一般由一位校领导担任组长，领导小组下设办公室，一般放在高职院校党委宣传部门，负责日常的组织协调；一部分学校明确由学校党委宣传部门负责高职院校文化建设；还有相当大的一部分高职院校没有专门负责高职院校文化建设的领导机构和工作机制，处于"无政府主义"状态，哪个部门都可以抓，又哪个部门都不承担主责，工作自发性、随意性、偶然性比较大。由于缺乏工作统筹，各部门条块分割明显，存在分工多、合作少的问题。如校园建筑往往由高职院校基建部门负责，在楼宇等建筑设计过程中，往往只是根据自己的专业标准，不考虑高职院校办学历史、理念、学科特色等精神文化元素，也不征求宣传部门、发展规划部门、校史管理部门等高职院校文化建设相关部门的意见，听取师生意见也不充分，设计建造出的楼宇往往就缺乏历史感和文化气息，也与校园历史建筑、整体风格不相协调，无法让学生感受到高职院校厚重的历史和建筑艺术之美。

（二）工作制度需健全

工作机制受制于整个办学水平和高职院校文化建设水平，很多工作尚无法形成闭环系统，很难保证高职院校文化育人工作取得实效。如作为高职院校文化育人主体的教师，如何在教学过程中做到教书育人，在传授学科知识过程融入办学理念、高职院校精神、校训等高职院校文化元素，身体力行、言传身教地向学生传扬高职院校精神、治学精神，如何在关心关爱学生过程中展现人文精神，这些工作既没有明确要求，又缺乏可量化的考核标准，也没有必要的激励约束机制，教师怎样落实、落实的程度如何，就全凭自觉了。

（三）外部机制需合理规划

教育部和各省级教育主管部门，尚未制定专门的高职院校文化建设育人的指导意见和考核标准，对中国特色高职院校文化育人工作缺乏整体的规划、谋划，缺乏有效的监督管理和效果评价机制。高职院校建设什么样的高职院校文化，如何用高职院校文化育人，各个高职院校还在探索这些问题。

第三章　高职院校文化育人的结构体系

第一节　高职院校文化育人的基本结构

一、高职院校文化育人的理念

理念是行动的先导。要进一步加强高职院校文化建设，提升高职院校文化育人水平，就必须进一步明确高职院校文化育人的理念，坚持马克思主义的指导地位，坚持以社会主义核心价值观为引领，积极吸收、传承和创新中国特色社会主义文化，包括中华优秀传统文化、革命文化和社会主义先进文化，积极借鉴世界先进文化特别是世界一流高职院校文化中的优秀文化元素，坚定文化自信和文化自觉，坚持以人为本和以文化人，坚持继承传统与创新发展相统一，提升高职院校文化育人的实效。

（一）坚守马克思主义指导地位

20世纪末，英国广播公司（BBC）在全球范围举行的"千年思想家"评选活动中，让人感到意料之外又在情理之中的是"科学巨匠"马克思高居榜首。马克思作为人类历史上最伟大的思想家之一，与恩格斯一道创立的马克思主义，科学地阐释了人类社会发展的一般规律，创立了人民实现自身解放的思想体系。这一理论犹如壮丽的日出，照亮了人类探索历史规律和寻求自身解放的道路，为人类认识世界和改造世界提供了科学的世界观和方法论。对此，恩格斯曾指出：

"马克思的整个世界观不是教义，而是方法。它提供的不是现成的教条，而是进一步研究的出发点和供这种研究使用的方法。"①

马克思主义是一个开放的理论体系，向来具有与时俱进的理论品质，始终站在时代的前沿，呈现出人民性、实践性、开放性和时代性的鲜明历史特点。为此，要辩证地、发展地而不是教条地、机械地、停滞地理解和运用马克思主义，核心要义是要掌握蕴含其中的立场、观点和方法。马克思主义一经与中国具体实践相结合，就形成了中国化的马克思主义，指导中国取得革命、建设和改革的伟大胜利，实现了中国特色社会主义道路、理论、制度和文化"四个维度"的发展成功，使中国这个古老的东方大国巍然屹立于世界民族之林，给中国人民带来巨大福祉，中华民族和中国人民实现了从站起来到富起来再到强起来的伟大飞跃，中国特色社会主义进入新时代。

如前所述，随着经济全球化的深入推进和中国社会的深刻变革，传统观念与现代思想的深度交融，本土文化与外来文化的剧烈碰撞，多样化思潮与多元化思想的激烈交锋。在现代信息技术的推波助澜下，各种信息流、思想流、意识流鱼龙混杂，不断稀释和消解着主流意识形态，人们对各种思想与思潮的选择和辨别难度上升。马克思主义是人类社会先进思想文化的结晶，是被实践证明了的科学理论，具有强大的真理力量。而作为马克思主义与中国具体实践相结合的中国化的马克思主义理论，立足中国大地，具有中国特色、中国气派和中国风格，是指导中国特色社会主义事业发展的强大思想武器。

作为意识形态的前沿阵地，要办好中国特色社会主义高职院校，必须全面贯彻党的教育方针。恰如习近平总书记所形容的那样，高校如果在办学方向上走错了，在培养人的问题上走偏了，那就像一株歪脖子树，无论如何都长不成参天大树。坚持马克思主义为指导，最重要的就是要坚持马克思主义基本原理和贯穿其

---

① 马克思，恩格斯. 马克思恩格斯选集：第 4 卷［M］. 北京：人民出版社，1995：742-743.

中的立场、观点、方法，并善于运用其来分析问题、解决问题，进而得出合乎规律的认识。

坚持马克思主义为指导，就是要坚持用中国化的马克思主义武装头脑、指导实践、推动高职院校文化育人；就是要以毛泽东思想、邓小平理论、"三个代表"重要思想、科学发展观和习近平新时代中国特色社会主义思想为指导，以社会主义核心价值观为引领，确保中国特色社会主义高职院校文化的正确政治方向。

中国高职院校是中国特色社会主义高职院校，高职院校文化建设及其育人，必须坚持以马克思主义理论特别是习近平新时代中国特色社会主义思想这一马克思主义中国化的最新成果为指导，必须把马克思主义作为中国高职院校最鲜亮的底色，把中华优秀传统文化、革命文化和社会主义先进文化自觉融入教育教学全过程、熔铸于高职院校文化建设和育人过程中，提升高职院校文化的政治性、思想性、先进性，才能保证高职院校文化的发展方向和高职院校文化育人的正确导向。

需要强调的是，高职院校文化在建设及育人过程中，必须始终坚持中国共产党的领导，这是高职院校文化坚持马克思主义为指导，确保正确政治方向的根本保证。中国共产党的领导是中国特色社会主义的最大优势，也是中国特色社会主义高职院校的最大优势。只有坚持党的领导，才能保证办学的正确政治方向和高职院校文化的正确发展方向，才能更好地发挥高职院校文化的育人作用。

（二）坚定文化自觉和文化自信

所谓文化自觉，就是一个组织的全体成员对所在组织文化的高度认知认同和积极分享传播的一种心理和行为状况，同时也体现为对组织外文化所持的一种批判继承态度。概言之，就是对自身文化和其他文化优劣的正确认识和评判，并在此基础上正确处理好文化交流与融通、文化创新与发展等的关系。文化自觉理论的实质是个体或组织在文化上的自我觉醒、自我反思与自我创建，有利于指导我们正确对待和处理自身文化与本国传统文化及和外来文化的关系，做到既有"自知之明"，又要"和而不同"；既不搞盲目的文化独尊与自大，也不能坠入盲从的文化自卑与自闭的深渊，而应该体现出一种成熟的文化自信。

文化自信是指文化主体通过对文化的认知、批判、比较和认同等过程，形成对自身文化的坚定信念和稳定的心理状态。文化自信是一个国家、一个民族发展中更基本、更深沉、更持久的力量。文化自信是对自身文化内涵和价值的理解与认同，并对该文化的创新发展所持有的一种积极和充分肯定态度，以及面对外来文化时对自身文化的理性与坚守。文化自觉和文化自信问题，涉及以什么样的视角和维度认识文化、以什么样的态度和胸怀对待文化的问题。文化自觉是文化自信的前提和基础，文化自信是文化自觉发展的必然结果。在推进文化建设和文化育人过程中，必须处理好文化自觉和文化自信的关系，以高度的文化自觉和坚定的文化自信为基础，实现文化自强。

高职院校文化自觉和文化自信，既是高职院校人对高职院校文化在高职院校发展过程中所起作用的理性认识与思考，也是高职院校人对高职院校文化包括精神、制度、物质和行为文化层面建设成果的正确态度和认知认同。高职院校文化自觉与自信，要求高职院校人以一种开放包容的心态，正确审视高职院校在精神、制度、物质、行为文化建设过程中存在的问题，并在高职院校文化建设实践中主动回应问题、解决问题，进而推动高职院校文化建设朝着更高层次发展。就我国实际而言，由于我国现代意义的高职院校起步较晚，高职院校文化的历史传承和实践积淀尚未达到有特色的高水平的境界，与世界一流高职院校文化在建设和育人方面相比还有一定的差距。因此，在高职院校文化建设及其育人过程中，必须以高度的文化自觉和文化自信，着力建设中国特色社会主义高职院校文化。一方面，要扎根中国大地，立足于中国国情、历史传统和文化特色，对中华优秀传统文化、革命文化和社会主义先进文化有坚定的自信，充分认识到中国特色社会主义高职院校文化的鲜明特色和比较优势，坚持正确的高职院校文化发展方向和育人导向，不盲从于西方发达国家的文化，也不盲目崇拜西方高职院校文化；另一方面，又要采取包容开放、兼容并蓄的态度，对世界先进文化积极吸收，对世界一流高职院校文化积极借鉴，形成具有中国特色的世界一流高职院校文化。

（三）加强以人为本与以文化人

中国古代就有重要的人本思想，强调"以人为本""民为邦本"等。当然，这与现代语境下的以人为本理念的内涵并不完全相同。马克思主义把人自由而全面的发展作为唯物史观的最高使命和终极关怀，中国化的马克思主义强调以人为本、以人民为中心的思想。两者都把人作为推动社会历史发展的动力和决定力量，把人作为想问题、办事情的出发点和落脚点，认为人是发展的最终目的，要坚持一切为了人，一切依靠人的理念。教育的根本任务就是立德树人。以人为本思想同文化与教育的结合，就形成了以文化人的理念。如前所述，以文化人理念更加尊重人的发展的内在需要和客观规律，以一种春风化雨、润物无声的潜移默化手法，用先进文化、主流文化，培育自由而全面发展的人。从这个意义上讲，以人为本思想和以文化人理念具有一致性。

古今中外，在教育必须培养社会发展所需要的人这一点上是有共识的。不论是古代的太学和书院等教育机构为中国封建社会培养人才，还是哈佛、牛津等世界著名学府主要为本国建设和发展提供人才支撑，可以说每个国家都在不同历史时期按照自己的政治要求，为国家和社会发展培养所需要的人才。中国高职院校的根本任务就是立德树人，中国特色社会主义高职院校就是要培养德智体美劳全面发展的社会主义建设者和接班人。围绕这一根本任务，高职院校文化必须坚持以人为本和以文化人的理念，牢固树立高职院校因学生而存在的观念，把育人作为高职院校文化的本体功能，高职院校文化建设和发展过程中要始终把人作为出发点和落脚点。

人的自由全面发展，包括很多要素，如高尚的道德品质、健全的个性人格、理性的文化自觉、高雅的兴趣爱好等诸多方面，体现了人的主体性发展中合规律性与合目的性的高度统一，在真善美三重尺度中实现了人与自然、社会的和谐统一。具体到高职院校文化视域下，就是要把人才资源作为第一资源，尊重人才、依靠人才、关爱人才，充分发挥高职院校教师的主体作用，激发其教书育人、管理育人、服务育人、实践育人特别是文化育人的积极性主动性，努力营造鼓励成功、宽容失败的文化氛围，让每一位教师在实现个人价值、个人发展过程中，发挥出最大的育人功效。遵循学生成长规律和文化育人规律，始终坚持以学生为本，把培养服务国家发展的一流人才作为目标，高职院校的教育、管理和服务等一切活动都聚焦于人才培养。高职院校在教育活动中要改变重科研轻教学、重物质轻精神、重理工轻人文的倾向。高职院校不是科研院所，也不是经贸公司，其根本使命不是造科研成果，也不是生产产品，而是培养德才兼备的高素质人才，因而必须把立德树人的成效作为检验学校一切工作的根本标准。教师必须坚持以文化人理念，既要传授知识、培养能力，又要夯实深厚的文化功底，更要弘扬和践行社会主义核心价值观，教育引导学生扣好人生的第一粒扣子。师生在以文化人中兼具主体和对象双重身份属性，一方面，师生是高职院校文化的创造者和高职院校文化活动的参与主体，是以文化人的主体；另一方面，由于文化本身的特殊属性，又对人产生反作用，师生又成为以文化人的对象。也正基于此，高职院校要积极发挥师生自身的作用，尊重师生的个性和自主性，实现师生的自我教育、自我发展。

（四）坚持继承传统与创新发展

文化发展具有历史继承性，每一种文化的形成都不是偶然事件，都是在历史的长河中不断积累积淀的结果，现代文化是在继承传统文化的基础上创新发展形成的。高职院校文化同样是一所高职院校在长期的办学实践中逐渐形成的。所谓继承传统，就是吸收、保留并改造中国古代高等教育机构、近代高职院校和现代高职院校文化中的合理成分、传统特色。因此，在新形势新阶段下，要更好地实现高职院校文化的育人功能，必须正确处理好传统与现代、继承与发展、坚守与创新之间的关系，坚持继承传统与创新发展的有机结合、辩证统一，做到不忘本来、吸收外来、面向未来。

继承传统必须扎根中国大地，充分吸收中华优秀传统文化、革命文化和社会主义先进文化的精华。中华优秀传统文化源远流长、博大精深，是世界文明史上唯一没有中断过而延续至今的文明，承载着中华民族的伟大精神，是中国五千多年价值观念、传统美德和精神追求的集合，体现着中华民族独有的思维习惯、行为方式和基因血脉，也是涵养社会主义核心价值观的重要源泉。中国高职院校在文化建设及其育人过程中，必须把中华优秀传统文化摆在重要位置，批判地继承，特别是用前文所述，与高职院校文化密切相关的"和而不同、求同存异""文以载道、以文化人""形神兼备、情景交融""道法自然、天人合一"等思想指导高职院校文化育人工作。

革命文化与社会主义先进文化，是中国共产党领导各族人民在革命、建设和改革的伟大实践中形成的，中国高职院校本就参与其中。中国现代高职院校文化本就是中国特色社会主义文化的重要组成部分，必须结合学校实际和所处区域文化特点，主动找准革命文化、社会主义先进文化与高职院校文化的契合点，积极熔铸其中。高职院校具有保守性，故而，继承传统还要立足中国高职院校及其历史文化与传统，把古代、近代和现代高职院校文化的先进性和传统优势继承好、坚守好，把自身既有的文化特色保持好、发扬好，进而实现创新发展。

同时，高职文化还必须要创新。教育不是孤立的，更不是顽固守旧的，教育不会将各种新事物拒之门外；相反，它是时代的表现，是对现在和未来都会产生影响的一种力量。创新发展必须兼收并蓄、开放包容、扬长补短，始终坚持民族文化与世界文化的统一。包括西方发达国家所创造的文化成果，都是人类文明成果的重要组成部分，吸收其中的先进文化为我所用，符合中国特色社会主义发展的需要。

中国高职院校必须积极吸收这些先进文化，汲取别人的长处，发展自身的文化特色和文化品质。在高职院校学习西方先进文化和先进高职院校文化过程中，还要注意与我国的实际和高职院校的具体实践结合起来，不能盲目照抄照搬。将弘扬博大精深的中华文化与借鉴西方高职院校文化创新成果结合起来，尤其要坚持中国高职院校文化的正确政治方向，在世界多元文化交流交融中积淀形成中国高职院校深厚的文化底蕴，努力开创我国高职院校文化育人的新局面。

二、高职院校文化育人的主体

学术界关于教育主体的问题一直存在争议，有着"教育者主体""被教育者主体"和"教育者与被教育者双主体"等多种观点，各有其理论依据和严密论述。这里不再赘述。

对于文化育人而言，因其特点不同，决定了文化建设及其育人的主体必然是多元的，是"主体—主体"之间的模式而非传统的"主体—客体"之间的模式，处于文化之中的人们虽处于不同的位置，但却往往既是文化建设的参与者，又是受到文化熏陶和濡染的对象，他们都是文化育人的主体，其行为方式不是对象化活动而是交往性活动。文化是人创造的，在高职院校这个专门的文化组织所形成的文化场域之中，高职院校人无疑是其育人主体，高职院校人所包含的高职院校领导者、教师、管理者和学生等，都是以高职院校文化为共同客体的主体的一分子，都是高职院校文化建设及其育人的直接原因和动力，每一个主体都在高职院校文化育人过程中发挥着应有的作用。

（一）领导者

如前所述，美国学者埃德加·沙因教授在组织文化与领导力方面的研究，清晰地表明高职院校领导者在高职院校文化方面的重要作用。以沙因的理论为基础，作进一步的推理与演绎，能够得出这样的结论：如果以领导力为纵向坐标、以学校历史发展为横向坐标，可以发现，学校领导力、学校历史与高职院校文化之间存在一定的相关性。领导力越强，高职院校文化就越易由自发型转为主导型；而随着高职院校办学历史的延展，主导型的高职院校领导会变革和创新高职院校文化，而自发型的高职院校领导则会传承和维持原有的高职院校文化。

高职院校领导者是高职院校教育活动和高职院校文化的创建者、变革者和推动者，也是高职院校先进办学思想的传承者和探索者。他们运用《中华人民共和国高等教育法》赋予的法定权力，在一定的政策和制度环境下，对高职院校文化的各个要素进行积极整合。他们将自身对高职院校的认识和理解，以及他们的先进办学理念和治校思想，通过他们的个人素质和主观努力传导给高职院校人，既会积淀为高职院校文化的重要组成部分，也直接指导着高职院校文化建设及其育人工作。可以说，高职院校领导者特别是高职院校校长在高职院校文化育人过程中起着重要的引领性作用。

高职院校校长一般是一所高职院校某一学科的杰出教授，集专家学者的专业知识、高职院校管理者和教育家思想于一身，是一所高职院校最重要的领导者、引路人和形象代言人，某种意义上可以说是高职院校的灵魂所在，在高职院校文化育人过程中发挥着不可替代的作用。借用"创新理论"鼻祖、著名经济学家约瑟夫·彼特（Joseph Schumpeter）的企业家理论，高职院校校长的角色正如企业家一样，不能靠教科书式的书面战略来经营和管理一所高职院校，更多的是要依赖高职院校校长的个人素质，如丰富的经验与阅历、个人的直觉判断以及敏锐的洞察力等，来推动高职院校的发展。杰出人物对高职院校理念的形成有着重要的推动作用，并使之带有其个性化特点。每一所世界一流高职院校的成功，都离不开杰出人物的推动，将他们的教育思想付诸实践而形成了高职院校的办学理念。古今中外，历来的杰出高职院校领导者都以其办学宗旨、教育思想、个人风格孕育了特定历史条件下的高职院校文化。

中国的高职院校治理体系具有自己的特色，中国高职院校实行的是党委领导下的校长负责制，在这一颇具中国特色的现代高职院校制度下，党委书记和校长都是高职院校的主要领导者，按照民主集中制原则和职责分工，与高职院校党委副书记、副校长等学校领导者共同领导中国高职院校的发展建设。其中，对中国高职院校文化建设及其育人起重要引领作用的是高职院校的党委书记和校长，他们对高职院校文化及其育人的重视程度，以及他们的个人思想、作风、学识、魅力等，都从不同角度引领和影响着高职院校文化育人的效果。

一是高职院校党委书记和校长要努力成为社会主义政治家、教育家，发挥引领作用。一方面高职院校党委书记和校长要按照新时代中国特色社会主义发展的基本要求，站在社会发展的高度，解决好"培养什么人"的问题，牢牢把握社会主义办学方向，以社会主义核心价值观引领高职院校文化的建设发展，坚持立德树人根本任务，推动高职院校文化育人始终沿着正确的方向发展，努力培养担当民族复兴大任的时代新人。另一方面，站在教育家的高度，解决好"怎样培养人"的问题，始终坚守高职院校的初心和使命，明确高职院校的发展定位、发展愿景、发展路径，提出先进的办学理念和治校思想，并把自己的教育思想落实到教育教学全过程、各方面，为学校的校风、学风、规章、制度、环境等带来深刻影响，约束行政权力，尊重学术权力，挖掘凝练和培育高职院校精神，营造风清气正的校园环境，形成各具特色的高职院校文化。

二是高职院校党委书记和校长要统筹高职院校文化建设及其育人工作，发挥推动作用。高职院校领导者的重视程度直接决定着对高职院校文化及其育人的水平，通过领导、计划、组织、控制、激励等，推动高职院校文化建设及其育人进程。高职院校党委书记和校长要加强对高职院校文化建设及其育人的思考与探索，牢固树立以文化人以文育人理念，重视和发挥高职院校文化育人功能。党委书记和校长要以身作则，率先垂范，身体力行践行高职院校精神，倡导追求真理、求实求真的科学精神和以人为本、向善向美的人文精神，营造挖掘已知、研究未知、探索新知的学术氛围，鼓励"百花齐放、百家争鸣"；要注重高职院校文化建设的顶层设计，做好高职院校文化建设规划与学校事业发展规划的共同谋划、共同部署、共同推进工作。领导者要通过加强高职院校精神文化建设，形成符合社会主义核心价值观的高职院校精神文化个性化表达，引导师生践行高职院校精神，形成良好校风学风；通过加强制度建设倡导制度文化，形成制度"硬"约束和文化"软"环境；通过校园建筑、设施设备、校园网络等的建设，构建和谐美丽校园；通过举办积极健康向上的高职院校文化活动，形成文化活动的特色品牌。

三是高职院校党委书记和校长要以个人魅力影响高职院校文化建设及其育人工作，发挥示范作用。领导者个人独特的性格、作风和品格，往往会对组织的文化发展重要影响。

因此，高职院校领导者特别是高职院校校长，作为高职院校形象的代言人，必须时时刻刻注意自身的公众形象、言谈举止、个性品格对师生的影响，不断提升自身道德品行、专业知识、综合素质和个人魅力，倡导什么、反对什么要旗帜鲜明、导向正确。品德高尚、学识渊博、治学严谨、大度豁达、个人魅力强的高职院校校长，必然为师生所敬仰、崇拜和效仿，其行为本身就是高职院校文化的重要组成部分，而其影响也必然辐射和渗透到高职院校教育管理服务的各方面、每个人，从而带动学校形成具有自身特色的高职院校文化。

（二）教师

教师被誉为人类灵魂的工程师，他们长期在高职院校学习工作和生活，具有深厚的学科专业知识和较为丰富的人生阅历，对高职院校的理解和认识更加深刻，对学校的办学历史、发展现状和未来趋势更为熟悉，对学校的责任和感情更为强烈。他们与学生接触最多，他们的价值观念、行为方式、人格魅力直接体现着高职院校文化。教师既是高职院校文化的主要传承者、创新者，也是高职院校文化的直接传播者、弘扬者。他们通过课堂主渠道、学科文化、科学研究等教书育人途径，将自身习得和感悟的高职院校文化言传身教给学生，对学生产生影响，是高职院校文化育人的主力军与核心力量。因此，必须激发高职院校教师加强高职院校文化育人的意识，发挥他们的主观能动性，才能更好地实现高职院校文化育人功能。

一是高职院校教师要强化思想政治素质，自觉成为"四有"好老师。教师作为一份特殊的职业，是人类历史上最古老、最悠久的职业，担负着教育人、培养人的神圣职责，被视为道德的灯塔，具有很强的标杆引领和示范性作用。高职院校教师必须坚持教育者先受教育，自觉加强师德师风建设，自觉提升教书育人本领，坚守底线和红线，成为学生做人、做事、做学问的一面镜子，既要当好传播知识、授业解惑的"教书匠"，又要当好传道布道、价值塑造的"大先生"，积极践行社会主义核心价值观，努力成为先进思想文化的传播者、党执政的坚定支持者，更好地肩负起培养社会主义事业建设者和接班人的责任。

二是高职院校教师要提升教学科研能力，主动践行高职院校精神文化。高职院校教师要尊重和热爱教师的职业，成为践行高职院校精神文化的楷模；要有高职院校教师的担当，不断提升教学能力，教好书、讲好课，专心教书育人。高职院校教师不仅要传授高深知识，还要研究创造新知识、新技术、新文化；要耐得住寂寞，潜心研究学问，不急功近利、浮躁世俗，有"板凳要坐十年冷""十年磨一剑"的执着与坚守，达到"衣带渐宽终不悔，为伊消得人憔悴"的境界；要仰望星空，勇于攀登科学高峰，坚守科学家的理性精神，严谨治学，崇实求真，敢于反思和批判，以科学的态度对待科学，以真理的精神追求真理，达到"独上高楼，望尽天涯路"的境界；要有知识分子的家国情怀和风骨，"位卑未敢忘忧国"，"先天下之忧而忧，后天下之乐而乐"，淡泊名利，不随波逐流，心系国家，主动瞄准国家战略，自觉服务祖国人民；要脚踏实地，坚持理论联系实际，知行合一，"纸上得来终觉浅，绝知此事要躬行"，要积极了解掌握世情国情社情，关注社会、关注现实、关注当下。

三是高职院校教师要树立以文化人的理念，积极推动高职院校文化育人工作。高职院校教师要坚持以文化人以文育人，增强对高职院校文化的认知、选择与认同，增强文化自觉和自信，注重发挥高职院校文化的育人功能，引导学生进入芝兰之室，默默散发自己的馨香，持之以恒、积微成著，达到久而自芳的效果。高职院校教师要在提升专业能力的同时，提升自身的通识知识，提升自身文化素养。教师要守好一段渠、种好责任田，把自己对高职院校的理解、对高职院校生活的感悟，对所在学校办学理念、高职院校精神、校训、办学特色、制度文化等的认识，有意识地结合学科专业文化通过课堂主渠道、课后的交流沟通和自己的一言一行等方式渗透给学生，让学生在课上课下、线上线下都能感受到巍巍学府的精神，高职院校文化的力量。特别是教师身上散发的体现高职院校精神的个人魅力，对学生会产生深远而持久的潜在影响，为其终身打下高职院校文化的印记。

（三）管理者

高职院校的管理者是高职院校领导者意图的组织者、推动者和执行者。他们直接面对教师和学生，具体制定和执行有关政策制度，负责和参与高职院校文化建设，通过具体的管理行为实践将高职院校精神和高职院校制度落到实处，其地位和作用是显而易见的。同时，管理行为本身既是高职院校制度的落实过程，也是高职院校行为方式的重要体现，其本身就是高职院校制度文化和行为文化的重要组成部分。从一定意义上说，高职院校管理的价值正在于自觉有效地构建高职院校文化。

一是高职院校管理者要增强高职院校文化自觉、自信和自强精神。从组织文化角度出发，可以借鉴"文化管理"的概念并运用到高职院校管理工作中，更容易提升管理者对高职院校文化的认知认同。所谓文化管理，是指在组织管理过程中，以高职院校人的价值观念和追求为核心、具有自身文化特色的一种管理理念。这种理念是与经验管理、科学管理等相并列的一种管理模式，更加强调管理者重视组织文化的功能和作用。因此，管理者要切实增强对高职院校文化重要性的认识，把握高职院校文化的发展规律、高职院校文化的建设路径和高职院校文化育人的方法，自觉将高职院校文化的精神内涵融入管理服务工作的各个环节和制度建设的方方面面。在管理工作中，要摒除特权化思想，避免行政化趋势，提升管理水平、服务质量和办事效率，尊重教师和学生，营造严谨、和谐、高效、有序的管理氛围。文化管理手段要在继承的基础上不断创新，好的方面继续坚持，有问题的地方尽快整改，短板尽快补齐，增强高职院校的文化自信。

二是高职院校管理者要推动高职院校文化建设，形成育人合力。高职院校文化建设主要依靠管理者来推进。管理者要坚持以社会主义核心价值观为引领，结合学校历史传统和办学特色，统筹高职院校精神文化、物质文化、制度文化和行为文化四位一体建设，努力形成具有中国特色、地域特点和自身风格的高职院校文化。要牢固树立精品意识、文化意识，做强高职院校文化；注重长短结合、远近结合，对高职院校文化建设既要有整体规划和设计，又要能做好当前的每一项具体工作。要强化高职院校文化育人的理念，在政策出台、制度制定、工作推进、服务师生、校园建设等各个方面，彰显高职院校文化的精神，以高职院校文化潜移默化地影响师生员工。

（四）学生

学生是高职院校文化育人的对象，高职院校文化的本体功能就是育人。一方面，学生之于高职院校首先就是一种对象性存在，是高职院校文化的修习者和高职院校文化育人的对象；另一方面，学生之于高职院校也是一种主体性存在，对高职院校文化建设与发展发挥着主体性作用，也是高职院校文化的建设者和彰显者，在参与高职院校文化建设过程中实现自我教育，达到"化人"与"人化"的统一。学生作为文化育人的主体，具有一定的特殊性。一方面，高职院校学生流动性很大，"铁打的营盘流水的兵"，学生三年一届流动快；另一方面，学生来源广泛，"五湖四海、四面八方"，不同地区甚至不同国别的学生聚到一起，带有不同的地域、民族或国别、种族的文化特色，也使得学生在高职院校文化建设及其育人工作中地位特殊、作用特殊。必须高度重视高职院校学生在高职院校文化建设及其育人工作中的"双主体"作用。既发挥高职院校文化建设及育人的主体作用，积极参与到高职院校文化建设中来，对高职院校文化发展起着选择、吸收、传承、创新的作用，为高职院校文化建设及其育人工作注入新的活力；又要发挥其作为教育对象的主体作用，调动其积极性、主动性和创造性，实现教育与自我教育的统一。

学生是高职院校中最具生机和活力的群体，要发挥学生在高职院校文化育人特别是行为文化育人中的作用。开展丰富多彩的校园文化活动，特别是依托兴趣社团，打造校园文化活动品牌，让学生在参与校园文化活动过程中提升文化素养。在学生传承与被传承高职院校文化过程中，来自不同文化背景的学生会把多元文化带入高职院校校园，影响着教师和其他学生的文化选择与吸收，其自身文化会与高职院校文化发生交流交融交锋，从而推动高职院校文化的传承与创新。当然，这一过程也发生在来自外校的教师与管理者身上，当前各高校都在强调教师的学缘结构，既是学科发展需要，客观上也会对高职院校文化产生积极影响。学生的主体作用对于高职院校文化育人的影响是多方面的，要充分调动学生的积极性，特别是发挥学生群体自身的文化优势和特色，根据学生求知、求美、求新、求乐等特点，不断丰富高职院校文化的内涵。例如近年来许多高校都在开展国际文化节，就是要把不同国家留学生所在民族的特色文化带入高职院校校园，丰富高职院校生的校园文化生活，也为高职院校文化注入新的元素，既开阔了视野，又交流了感情，增进了友谊，还使高职院校生感受到了多元文化的魅力。

高职院校文化的形成发展和育人作用的发挥，离不开高职院校人的共建、共有、共进、共享。多重主体参与和协作是高职院校文化形成、传承、发展、创新以及育人的前提和保证。只有发挥好每一主体的作用，高职院校文化才能得到最大程度的传承创新，发挥出最大的育人功效。

三、高职院校文化育人的机制

高职院校文化育人工作是一项系统工程，涵盖立德树人全过程和教育教学各方面，涉及全校各级组织、各个单位。为保障其能取得实实在在的效果，必须立足当前，着眼长远，进一步健全高职院校文化育人工作机制。

（一）健全组织领导机制

高职院校文化育人工作，关乎高职院校立德树人的根本任务，是新形势下加强高职院校建设和改进高校思想政治工作的重要载体和抓手，必须加强对这项工作的领导，形成工作合力。

首先，要完善政府对高职院校的管理机制。中国高职院校文化育人机制的建立，离不开良好的外部环境。高职院校、政府和社会既相互独立，又相互依存，既相互制约，又共生共荣；置身于理想的关系状态下，政府应该是有限的，社会应该是开放的，高职院校应该是自主的。政府决策、社会监督、高职院校自治、市场评估，西方世界一流高职院校据此建立了良性互动的外部关系。作为国家教育布局的重要组成部分，高职院校不可避免地要接受政府的管理，政府也必须加强对高职院校的管制。解决上述问题的关键在于政府应当如何定位，如何发挥其应该发挥的作用。这就要从国家层面进一步做好顶层设计，深入推动教育领域的"放、管、服"，理顺政府与高职院校的关系，将主要精力放在对高职院校提供资金支持和宏观政策保障上来。政府在加大教育投入的同时，建立公平合理的拨款机制，给予高职院校更多的办学自主权，推动高职院校独立和自治，不干涉高职院校的具体办学行为，不直接负责高职院校的各种评估；要研究探索淡化或取消高职院校的行政级别，取消高职院校校长的任期限制，特别是对于教育家型的高职院校校长可延长其任职年限，使其教育思想得以充分实施。总之，政府应该守好自己的权力边界，切实推动和维护高职院校自治，让高职院校发展成为自我管理、自我约束和自我发展的独立法人实体，以便更好地维护高职院校人的独立精神，使之成为整个社会高品位文化精神的家园。

其次，要健全高职院校文化育人内部组织领导机制。高职院校文化育人工作在广度上涉及学校工作的方方面面，在深度上涉及学校办学机制与理念等重大问题。因此，学校领导层面必须从学校发展和人才培养的高度加以重现，在学校党委和行政的统一领导下推进工作。

最后，学校党委会、校长办公会要定期研究高职院校文化建设及其育人工作，解决高职院校文化育人过程中遇到的实际问题和困难，将高职院校文化纳入学校的总体规划中并制定专门的高职院校文化建设专项规划，有计划、有步骤地加以推进。学校党委书记和校长是高职院校文化育人的第一责任人，要靠前指挥，切实加强对高职院校文化育人的领导和指导，成立由党委书记和校长担任主任、相关主管校领导担任副主任的高职院校文化育人工作委员会，统筹高职院校文化建设及其育人工作，成员包括学校办公室、组织部门、宣传部门、发展规划部门、教务部门、科技部门、学工部门、保卫部门、基建部门、后勤部门、离退休部门、团委、工会和学生会以及各院系等，可以成立专门的高职院校文化育人办公室，或由宣传部门或学生工作部门牵头，做好协调沟通，形成党委统一领导、行政组织实施、各部门各单位协调配合、具体落实的工作格局。

（二）健全运行保障机制

高职院校文化育人工作涉及学校工作的各个方面，必须在人、财、物等方面给予足够的重视，提供必要的条件保障。

高职院校要处理好与社会、市场的关系，在保障学术自由的前提下，积极筹措办学经费、多渠道争取资金支持；要积极吸纳社会和市场代表人士进入学校董事会，学校董事会对社会筹措资金的用途和学校重大决策进行有效监督并提出建议。高职院校要设立专门的高职院校文化育人专项经费，包括硬件建设和软件建设经费，纳入学校财务预算，确保高职院校文化建设及其育人工作顺利开展；要不断加强高职院校文化育人的政策保障，出台有效措施，制定切实可行的制度，将高职院校文化育人有关内容纳入学校人才培养方案；要加强工作队伍建设，选拔培养专兼结合的工作队伍，培养骨干力量，既有专职工作人员具体负责有关工作的落实，又要谋划成立高职院校文化育人咨询委员会，聘请有关学科的专家学者、离退休老领导、有关部门负责同志和师生代表等，对高职院校文化育人有关工作提出咨询建议；要加强对学校党政干部、高职院校教师和学生关于高职院校文化方面的教育培训，并将相关高职院校文化教育纳入干部教育培训、教师岗前培训和个人职业发展培训、学生培训中，提升全校师生对高职院校文化及其育人工作的认识；要开展高职院校文化理论研究水平，有条件的高职院校可以依托相关学科或有关部门，成立高职院校文化育人研究会等虚体研究机构，拿出足够的研究经费，设立必要的研究课题，以课题立项的方式总结经验、开展研究、破解难题、推动工作，提升高职院校文化领域理论水平。

高职院校校园作为意识形态前沿阵地，受到多元文化的冲击和影响，必须加强对高职院校文化的管理。要加强对哲学社会科学课堂、讲座、论坛、报告会和研讨会的管理，坚持一会一报、一事一审，严格落实审批备案制度，不给错误思想以传播空间；要加强校园媒体和校园网络的管理，确保校园内传播的各类信息不偏离主流文化方向，积极传播和弘扬中国特色社会主义先进文化和特色高职院校文化；要加强学生社团的领导和管理，支持和引导学生社团开展积极向上的校园文化活动，丰富校园文化生活。总之，要牢牢把握高职院校意识形态阵地，确保高职院校文化积极健康发展，切实发挥好育人功效。

（三）健全效果评价机制

高职院校文化育人工作要取得实效，必须构建一套科学有效的评价机制，通过考核评价，进一步提升高职院校文化育人的针对性和实效性。

首先，要制定切实可行的高职院校文化建设及其育人的评价指标体系。本着考核方便、简便易行、易于量化、指导实践的原则，进一步细化、量化各项工作要求，合理确定目标，提升评估指标体系的可操作性和实践导向，推动高职院校文化建设及其育人工作纵向发展。根据高职院校文化育人指标体系开展评估评价，考虑到文化育人是一个长期的过程，可每三年开展一次，由高校自评和互评，也可委托第三方机构组织评估，评估结果和问题反馈可以作为接下来高职院校文化育人的目标和方向。

关于高职院校文化育人指标体系，可以将高职院校文化的四个维度，即精神文化育人、制度文化育人、物质文化育人和行为文化育人定为一级指标，并在此基础上增加高职院校文化育人特色内容为一级指标的补充，共同构成五大一级指标体系。在此基础上，根据每一维度的高职院校文化内容构建二级指标体系，对一级指标进行细化。为便于评估的量化评价，还要对二级指标做进一步的细化评价，建立具体明确的三级指标体系，把各单位各部门的工作任务落细、落实，便于操作和评估。

其次，高职院校文化育人的效果评价要注重把定期评估和日常考核评价结合起来，并结合学校实际，建立各级领导干部的责任制，把有关工作要求纳入管理部门和教师的年度考核任务中，如各个部门的高职院校文化建设及其育人的任务和完成情况，教师在教学、科研等工作中讲授、传递高职院校精神文化的情况等等。每年年底要组织年度考核，并将考核结果与领导干部和教师的晋升晋级紧密结合，引导干部教师重视高职院校文化建设及其育人工作。要定期总结高职院校文化育人方面的实践经验，表彰先进，交流互进，共同推动高职院校文化育人不断取得新的实效。

第二节 高职院校文化育人的逻辑层次

就高职院校来说，文化育人的实践活动应体现在高职院校的方方面面。这里我们从院系文化育人、专业文化育人、班级文化育人和寝室文化育人等方面进行探讨。

一、院系文化育人

当前，在高职院校文化育人实践中，以一所高职院校整体为培育单位的居多，而对高职院校下设院系（二级学院或系）文化建设的关注偏少。但是院系文化是客观存在的，院系文化的良性演化可以推动二级学院（系）党建、教学、学生工作、科研、社会服务等方方面面的进步与和谐发展。同时，二级学院（系）中教研室、专业自身的文化特质也支撑着二级学院（系）文化品牌的形成。优秀的高职院校院系文化，能充分发挥环境育人的积极作用，使学生在潜移默化中了解社会、认识人生，形成科学的世界观、人生观和价值观。加强院系文化建设，可以为广大师生营造一个良好的学习、生活、工作环境，能够充分反映院系下师生员工的整体精神风貌、积极向上的人生态度和良好的道德准则。

（一）院系文化的构成

高职院校院系文化是一个系统且宽泛的概念，是二级学院（系）物质财富与精神财富的总称。追根溯源，院系文化可以归纳为三个层面，即物质文化、精神文化与制度文化。

1. 物质文化。它包括所有的实物性的表现方式的总和，如具有学院特色的宿舍、实训场所、教学楼、院办工厂、办公楼、教学设备与仪器等，与学生的切身利益息息相关，也是二级学院（系）文化的物质载体。

2. 精神文化。它是二级学院（系）文化体系的核心，具有唯一性。精神文化主要包括二级学院（系）在教学、科研和日常管理中形成的有自己学院特色的文化观念和意识形态，如价值观念、学院精神、职业道德、奋斗目标和行为规范等。

3. 制度文化。它是二级学院（系）全体师生所必须遵守的规章制度、必须遵循的行为纲领，反映了二级学院（系）在管理制度上的文化个性特征，如教职工的岗位责任制度、经济分配制度、宿舍管理条例等。制度文化可以对物质文化进行有效的保护，对精神文化进行有效的监督与促进。

三者相互独立又协调统一，构成了二级学院（系）文化的主体结构。

（二）院系文化的功能特征

1. 专业特色性

打造院系品牌特色。专业是组建高职院校院系的基础，专业的差异性一方面使得各院系的教师因从事专业的不同而易于养成不同的秉性和行事风格；另一方面也使各院系的学生在专业素养和技能的培养过程中易于养成与本专业特点及要求相符的思维方式和行为方式。因此，院系的文化建设必然要注重与本院系的专业建设、师资特点、院系环境、学生气质相结合，在学校文化建设规划的统一要求下，本着与学校文化协调发展的原则，反映和体现本院系的学科和专业特色，在学校校园文化的共性之中彰显其差异性，形成缤纷多彩、充满个性活力的独特文化。这样就会形成"一院系一特色，一院系一品牌"的教育格局，提升院系的文化品位，提升院系在学校、社会的知名度和美誉度，从而打造院系的品牌和特色。

2. 开放包容性

培养合格的企业人才。高等职业教育肩负着培养面向生产、建设、服务和管理一线需要的高素质技术技能人才的使命，这使得高职教育与企业、市场联系得更加紧密和全面。因此，高职院系文化建设应该是开放包容的，既要走出去，又要请进来。一方面，院系文化要与企业、与社会交流互动，达到传播与拓展的目的；另一方面，要把企业文化请进来，主动学习企业文化和其他先进文化。在此过程中，高职院校既要重视高职院校作为功能独特的文化机构应具有的文化品位和价值追求，更应注重适应企业、融入社会，追求学校文化与企业文化的有机交融、学术气氛与实践氛围的相辅相成，为培养合格的企业人才创造优良的环境。

3. 辐射渗透性

彰显文化的教育功能。文化的教育功能无可替代，它对人的影响潜移默化、"润物细无声"。师生置身于院系文化所蕴含的精神、信念、习惯、道德风尚等氛围中，自然地就会在思想观念、行为准则、生活方式、心理因素、价值取向等方面得到陶冶、熏陶、启迪和影响，从而形成与群体一致的文化意识、文化品格与文化气质，实现对自身的精神、心灵和性格的塑造，最终保证人才培养目标的实现。

（三）院系文化建设的必要性

1. 高职院校二级管理体制与校园文化建设层次性对接的必然要求

随着招生规模的扩大，高职院校纷纷结合自己的实际，积极探索以院系为主体的二级管理体制的内部改革，促使学院管理重心下移，实行学院内的二级管理。这样可以节省成本，提高效率，调动教职工的积极性，有利于高职院校的长远发展。因此，高职院校二级管理体制与校园文化建设层次性的对接应当实行统分结合的双层教育管理体系和建设体系：学院承担统一制定发展规划和规章制度，对二级院系的运作行使检查、监督等宏观方面的职权；高职院校院系一方面是校园文化建设规划的具体执行者，另一方面更是结合院系专业特色、学生培养目标和特点，组织带领师生员工进行制度、行为文化建设的创新者。

2. 不同院系文化共同构成高职院校和谐校园文化生态

从文化生态学的角度看，一所学校的校园文化生态在统一协调下，其生态群落内部应在共性之中体现差异，在差异之中体现互补和共生。同样，高职院校由于其职业性、技能独特性的特点，不同的专业和学科存在着较大的差异，对人才培养的素质与能力的要求也不一样，正是由于风格迥异的院系文化才构成丰富多彩、和谐的高职校园文化生态。

（四）院系文化育人的策略

1. 推行 UIS 理念，建立院系 DIS 系统

UIS 是 University Identity System 的缩写，一般理解为高校形象识别系统，通常包括 MI（Mind Identity，理念识别），BI（Behavior Identity，行为识别）、VI（Visual Identity，视觉识别）三方面。DIS（Department Identity System，院系形象

识别系统）是 UIS 理念在高职院校院系精神文化建设中的具体应用，集中反映院系的文化特征和专业特点。视觉是人们接收外部信息最重要的通道。这里尤其要精心设计高职院校形象标识，突出院系外部文化特征。院系外部形象标识系统也即视觉识别系统是静态的识别符号，它将办学理念、文化特质、行为规范等抽象概念转换为具体符号，以标准化、序列化、统一化的手法，凸显院系个性，塑造二级院系独特的品牌形象。

2. 强化院系文化品牌建设

高职院校在文化育人的实践中，可以植入企业管理中的品牌意识，将能代表学校理念的标识、行为、精神风貌等予以充分呈现，使办学定位、办学理念和办学目标得以充分诠释。二级学院（系）作为高职院校中的教学、办学二级单位，其文化自身具有独特性，与主文化共生共兴，丰富了学院文化。通过开展具有二级学院（系）特色的校园文化活动，特别是培育具有专业特色的文化品牌，用专业文化品牌系列活动吸引广大青年学生，分类别、分层次、分阶段地用文化品牌的系列活动来满足学生的个性化需求，可以极好地实现"人人闪光、人人出彩"的人才培养目标。高职院校二级学院（系）文化品牌建设是一项系统工程，是一个长期柔性的心理共识过程。它需要共同价值观、共同理念、共同制度文化的共识和自觉行动，也需要由内到外、从核心到表象的文化推进。二级学院（系）文化品牌的建设路径要遵循完美的顶层设计，要厘清建设思路，把握建设重点，关注每个学生个体，分层次、系统化、科学化推进。院系文化品牌建设首先要科学定位。就一个成功的文化品牌塑造而言，重要的一步便是科学定位，分析高职院校的办学类型、特色、优势等各方面，再根据二级学院（系）的师生诉求和共识，构建起明确、清晰的文化品牌建设体系。文化品牌的定位需要突出学术、专业、行业以及实践的特色。其次要精心提炼。要提炼二级学院（系）愿景，愿景应和学校未来几年的发展规划配套，并回答"我将往哪里去"的价值取向问题；要提炼学院院训、院风、教风、学风、学院精神和教育教学观念等，回答"我怎么去"的价值取向问题。最后要强化传播。文化品牌的建设本身需要强化沟通传播工作，以提升文化品牌的知名度、美誉度和认可度。传播方式包括以下三个方面：一是教育工作者要归纳、整理、提炼、总结、提升院系文化中的特色部分，进行适当的包装、宣传及推广，使其在二级学院（系）的广大师生中形成充分的共识，成为大家的行为准则；二是要充分利用传播媒介，营造积极向上的文化品牌传播氛围，开展适应学生特点的课余文化活动、科技与社会实践活动，这些都是二级学院文化品牌建设的基础；三是品牌的培育与传播还需充分把握时代脉搏，学会借助教育系统的力量来提升品牌的影响力，使用时代语言来诠释校园文化品牌的学院派魅力。

3. 正确处理好两个关系

为有效建设高职院系文化，在具体操作层面，应该理好如下两个关系：

第一，学校层面和院系层面文化建设的关系。院系文化始终是高职校园文化这个大系统中的子系统，是校园文化生态群落中的有机组成部分，因此，院系文化建设必须在学校这个系统中进行，既要体现共性又要凸显个性。首先，要执行和体现学校的总体指导思想，保证执行力。学校的核心价值追求和总体指导思想及整体建设规划是学校层面必须考虑和解决的问题，是学校决策和计划的职能。但要贯彻落实并取得实效，从而真正内化为师生的追求，外化为学校的形象风貌，就必须通过相应的组织、相应的载体来执行。院系恰恰应该做好这项承上启下的工作，将高职校园文化建设的精神实质落实好。院系文化建设首先要遵循的一点，即院系必须在学校统一的指导下，保证形成有效的执行力，为建设学校整体的校园文化做出贡献。其次，要凸显学科和专业特色，打造核心竞争力。各院系基本上都是以学科和专业为基础组建的，显然各院系之间学科和专业的差异很明显。就学科而言，各院系的教师由于所从事的学科不同，因此自然而然地形成了不同的秉性和行为风格。而专业的划分主要依据人才培养的需要，是按照学生自身的兴趣和以后职业的需要而在学科的基础上设置的培养类别，所以院系在进行自身的文化建设时，就必须反映和体现本院系学科和专业的特色。在学校共性的校园文化下，各院系之间形成差异化的、多姿多彩的、充满个性和生命力的独特文化，这也是院系在文化建设方面的核心竞争力或特色。

第二，企业文化和高职院系文化建设的关系。高职院校的人才培养特性决定了在对学生进行专业技能培养的同时，要提升学校的职业氛围，更要体现出职业元素、企业元素、产业元素，增加职业精神、职业理念、职业态度、职业技术等，引入企业组织、企业制度、企业管理方法、企业标准、企业行为规范，并与产业发展趋势相一致。一方面，院系文化的建设要吸收更多的优秀企业文化，和企业文化进行交融和对接，将企业管理和企业文化引入课堂，更好地按照企业的综合需求，有目标地培养学生，让学生在校园中就能接受企业文化的熏陶，触摸到市场的脉搏。但是另一方面，高职院校毕竟是高校，学校的首要功能是育人，不是培养"工具人"，而是培养"能力人"。因此，在院系文化建设中，不能简单地对企业精神、企业理念、企业宗旨、企业使命等企业文化生搬硬套，而要结合学生的教育特点和成才特点，将职业能力与职业素养的教育内容融入校园教育教学中，使院系文化与企业文化的对接在人才培养的各个环节中得到体现，增强学生的可持续发展能力，使培养的人才在价值观念和行为规范上更加符合企业和社会的需要。

二、专业文化育人

专业包含专业技术技能和专业文化两个方面。"文化生态学"理论指出，与生态系统类似，文化同样存在体系。体系中不同的文化与其周围的环境相互作用，文化与其环境不可剥离。专业文化是高职院校文化系统的重要组成部分，是高职院校的灵魂，是高职院校专业软实力和核心竞争力的集中体现。专业文化是高职院校履行使命、发挥社会职能的隐性背景；专业文化是专业教育不可或缺的重要组成部分和文化育人的重要实践领域之一。

（一）专业文化的内涵

专业文化是指在专业长期发展的过程中积淀形成的具有专业特征和时代精神，并为其成员共同认同与遵循的思想观念、价值取向和行为方式，是由价值观、行为规范、表意形象符号等组成的精神文化系统。专业文化隶属于校园文化，是校园文化在某一专业中的具体体现。专业文化对于培养受教育者的专业价值观、专业意识及专业气质有一定的作用，是奠定受教育者从业素质及职业发展能力的基石。高职院校具有职业氛围的专业文化，是专业体系构建的一个重要支撑，其彰显了促进学生成长、成才的核心价值。

根据具体功能指向，高职专业文化可分为精神文化、制度文化、职业文化、人文文化和物质文化等形式，其内涵界定如图 3-1 所示。高职专业文化各构成形式中隐含了诸多要素，如专业精神文化涵盖了办学理念、专业建设的目标定位，以及教学参与者的价值取向、理想信念、职业认知、成才期望等；而专业职业文化则包含了职业道德、职业情感等。

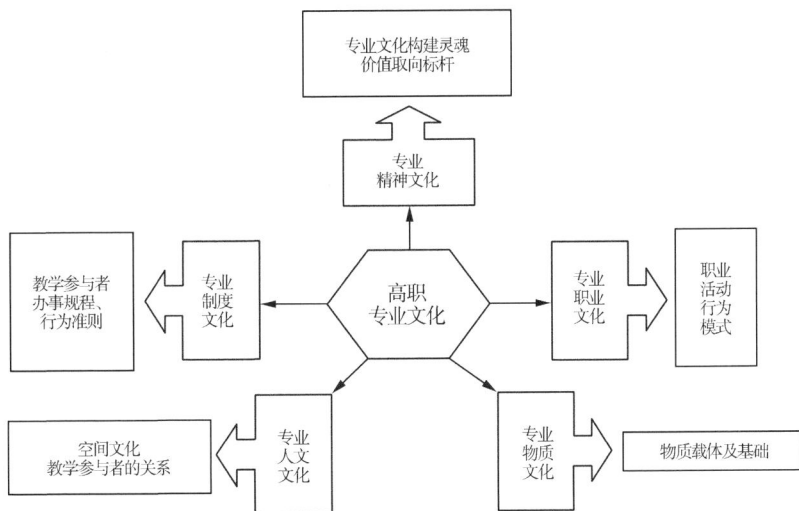

图 3-1 高职专业文化的内涵界定

专业文化不是从天而降、与生俱来的，也不是自发形成的，是基于学校的行业背景、办学特色、人才培养模式和办学成果的长期凝练、倡导和铸造而形成的。学校通过可持续发展措施，影响和引导专业文化建设向深度、厚度和浓度发展。富有特色的专业文化一经形成，就会提升本专业的核心竞争力，构成学校最基本、最持久的竞争优势和竞争特色。

（二）专业文化的特点

专业文化是高职院校专业基于专业建设和发展而形成的特色文化。除具备文化的属性外，它还具有以下特点：

1. 多样性。文化不是千篇一律的，而是多种多样的；文化不是一成不变的，而是随着时间、地点等的改变而改变的。当前，高职教育已占据我国高等教育的"半壁江山"，高职院校已有一千多所，每所院校都设有几十个专业，随着经济的发展，新专业还将不断涌现。蓬勃发展的专业形成了精彩纷呈、千姿百态的专业文化，每个专业都有自成特点的专业文化。

2. 职业性。高职院校专业文化以培养学生的职业素养为核心，具有鲜明的职业性。高职教育的目标是培养能胜任相应岗位工作的职业人。而成为一个合格的职业人，必须具备职业素养和职业能力。职业能力是职业活动中的综合技能，而职业素养则是贯穿在整个技能活动中的职业态度和职业精神，它比职业能力更为重要。专业课程教育培养学生的职业能力，专业文化教育培养学生的职业素养。

3. 引导性。俗话说："兴趣是最好的老师。"专业文化上通过从正面加强对老师和学生的引导，增强他们对专业的认识和了解，提高他们对专业的兴趣和对专业知识的学习热情。

4. 渗透性。专业文化对人的影响不是显性的，而是隐性的；不是大水漫灌，而是清风徐来；不是大张声势、大肆渲染，而是潜移默化、润物无声；通过长时间的耳濡目染、熏陶、感化，逐渐被师生所接受，进而影响他们的世界观、人生观、价值观。

5. 持久性。专业文化对人的影响和作用是长期的、持久的、漫长的，不是一朝一夕的。好的文化甚至影响人的一生，伴随人的一生。

6. 融合性。高职专业文化与行业文化、企业文化相融合，具有融合性。高职院校的专业主要是依据职业分工和行业分类设置的，而行业是同类企业的集合，因此，专业文化与行业文化、企业文化有着天然的联系。行企文化决定了职业规范体系和价值体系，而行企的这些规范体系和价值体系是专业教育的内容和要求，在实践中就是专业文化。专业文化只有吸收优秀的行业、企业文化，才能具有更加丰富的内涵，并保持活力；反过来，由于专业文化能不断汲取新的、有价值的文化成果，所以，它又能引领行业、企业文化。

（三）专业文化建设的必要性

1. 专业文化建设是促进专业可持续发展的基础保障。专业特色化建设是指专业建设根据区域经济、行业发展的需要，形成创新性、科学性的专业人才培养模式和培养方案，建设一流的师资队伍、优质的专业核心课程以及提供优良的校内外实习实训条件，提升专业可持续发展能力，确保人才培养质量。当前，一些高职院校专业建设历史积淀不足、文化内涵不深厚，这是制约其专业建设可持续发展的重要因素。专业文化建设是专业建设不可或缺的内容，是专业建设的灵魂。专业文化建设应立足于职业教育"培养人"的本质追求，在专业人才培养方案、课程开发与教材建设、师资队伍建设、实训设施场所建设等方面，吸纳、融入相关产业、行业文化的精髓，形成具有特色的专业文化，促进专业要素的品质跨越，增强专业凝聚力，形成高水平的专业教育模式、舒适的专业物质环境、良好的师生素养及教风学风等。

2. 专业文化建设为学生成长提供肥沃的职业土壤，是培养和谐职业人的重要条件。现代社会越来越强调人的职业生涯与全面发展相协调。高职教育是有明确职业指向的教育，每一个专业都明确地指向一个或多个职业岗位，如前所述，高职院校的专业文化具有很强的职业特征。良好的适合学生成长成才的文化环境则有利于提升职业的开放性。首先，专业文化建设吸收了职业文化的核心价值理念，通过专业理念引领专业建设，提高人才培养质量。其次，专业文化建设主要依托的是职业环境，学生在职业环境中感受到了职业特征，从而热爱自己的专业与未来的职业，形成良好的职业人格，养成敬业精神。最后，专业文化建设纳入相应的职业规范，使学生在学习期间就对相应的职业规范有了一定的认识，将有助于实现专业向职业的转换、准职业人向职业人的转变，增强职业与相应专业的关联性。

高等职业教育应将人文精神与科学精神渗透到学生思想观念和行为规范的社会化养成过程中，以培养集人文、科学、技术于一体的社会人为育人的价值取向。这种价值取向需要在专业教学中融入人文元素来发展和塑造学生，最终形成专业文化取向。

专业文化取向引导高职人才培养目标内涵发展，是专业思维、专业品质、专业态度、专业方法、专业伦理、专业情感养成的内在驱动力。具有岗位胜任能力、具有岗位迁移能力、能够全面发展是高职教育人才培养过程中三个逐步递进、不断升华的层次目标。随着经济社会发展，技术应用型人才需求不断增加的同时，高职人才培养也有了更高要求。高职教育应将专业文化融合渗透专业建设与专业教学过程中，通过专业文化影响专业信念和专业伦理，通过专业文化培养专业认同和责任意识，使学生能够从掌握专业知识与技能的职业人逐步发展成为具备创新创业能力的职业人，最终成为"志于业、游于技、成于道"的能够可持续发展的和谐职业人。

3. 专业文化建设是文化育人的基本途径。"技能本位"的特色，曾经给高职教育发展带来了无限活力。然而，由于过于突出"技能本位"，片面强调就业导向，忽视了人的全面发展，导致就业质量反而不高。解决此问题的有效方法就是从文化育人的角度重新审视高职教育，而文化育人的核心和基本途径就是专业文化育人。只有形成良好的专业文化，并使其内化为受教育者认同的价值观念和行为准则，才能引导和激励受教育者增强学习的自觉性、自我发展的主观能动性，在习得专业素养的同时具备一定的文化底蕴和核心竞争力。

（四）专业文化育人的策略

1. 突出高职专业文化的顶层设计

高职院校应组织人员深入生产岗位全方位调研，分析、梳理调研数据，深刻剖析职业岗位所需的知识、技能和潜质，遵循高职教育规律，依托生产岗位探究岗位胜任能力的学生培养措施，有机构建专业文化顶层设计理念；将专业文化教育置于专业建设的主导地位，有机融合职业元素，如职场规则和产业、行业、企业文化等，将文化指标贯穿于专业理念、培养目标、教育教学、学生管理等人才培养过程中；制定切实可行的考核、评价、管理办法，引导、督促专业文化建设工作的开展，借助反馈机制实现专业文化建设的持续优化。在专业文化建设过程中，必须针对其整体性与开放性合理布局，将专业文化和校园文化有机融合，优化专业文化模式及载体，以实现与行业文化的科学对接。

2. 强化职业道德观，培养职业情感

职业道德也是高职院校专业文化建设的一项重要内容。对高职学生而言，良好的职业道德包括两方面：一是热爱自己所学的专业，遵守学校的校纪校规，培养良好的学习习惯，形成良好的学风；二是憧憬与热爱未来的职业，培养和形成良好的从事未来职业所需要的道德观。在未来的职业人的职业道德教育上，一方面，通过开设人文课程提高学生的职业道德水准，使学生对将来从事的职业形成理性认识，萌发职业情感，为专业学习和将来的职业工作与职业行为奠定"知"和"情"的基础；另一方面，将职业道德渗透到专业教学过程中，使职业道德与专业教学融为一体，避免职业道德教育与专业教学相脱离。尽管每一种职业的职业道德不尽相同，但无论从事何种职业，对责任意识、敬业精神和团队合作精神的要求是一致的。因此，高职院校要从培养爱岗敬业、诚实守信的职业道德以及团队合作精神等方面加强学生的职业道德观建设。

3. 推进专业文化的内化落实

高职院校要切实推进专业文化的内化，将文化建设落到实处，就必须围绕文化建设主体——师生，借助文化建设载体——专业文化活动载体、专业文化物质载体、专业文化宣传载体、专业文化辐射载体等，将专业文化建设贯穿于整个专业的教育教学过程中。

第一，优化专业课程体系。当前，高职教育专业课程体系较为稳定和成熟，但从培养学生专业素养的角度来看，专业素养方面的培育缺失明显。首先，要加强公共通识课程建设。人文类通识课程是传承专业共性文化、培养职业人文意识和职业人文精神的重要载体。高职院校一方面要加强"思想道德修养与法律基础"课程建设，增加职业认知、职业道德、职业伦理、职业情感等内容，让学生拥有明确的职业理想、良好的职业道德和科学的职业价值观；另一方面要开设"职业人文"课程，以培养优秀"职业人"为目标，注重人文性和职业性的交融，注重学生的职业体验和人文实践能力培养，让学生形成职业人文意识和职业人文精神。其次，可以开发建设"专业+行业"文化课程。"专业+行业"文化课程有助于学生系统地掌握专业文化知识，提升对专业文化的理性认知。高职院校可在现有课程体系的基础上做些调整，如开设与专业伦理、专业文化、职业生涯指导等相关的课程，开设企业文化讲堂，让学生参加职业认知实践和顶岗实习活动等，加强对学生的职业认知、职业情感、专业品位的渗透教育，提升其专业文化素养。再次，要提升专业课程的文化内涵，发挥课堂教学的主渠道作用。当前，高职教育重"授业"轻"传道"、有"教"无"育"的现象比较明显，专业课上教师主要是对学生传授专业知识、技能和方法等，而很少关注学生的专业兴趣、职业道德、专业品位、专业发展等专业文化的习得。专业课程是培养高素质人才、传承专业文化的主阵地。高职院校要大力推进专业课程内容与教学方法的调整，灵活、合理地进行课程教学单元设计及教学组织活动，将专业文化的精神内涵渗透到专业教育教学的全过程，促使所有专业课程都能有机融入文化元素，实现专业教育与专业文化传承的有机贯通，切实推进专业文化育人；可以根据每门专业课程的特点和要求，进行"文化内涵"的提升改造，突出专业的起源、演变历程、特点和发展趋势，突出行业规则、要求、价值观、行业精神等，通过典型案例系统反映课程和专业的文化内涵与要求，有效提升专业人才培养质量。最后，要强化专业实训课程的素质训导功能。专业实训课程是高职院校实施职业素质训导的重要平台。高职院校要不断强化专业实训课程的素质训导功能，在实训项目或实训课程中渗入职业素质的内容。

第二，推进职场文化的渗透。高职院校要建立模拟的职业活动场所或虚拟的职业工作环境，创设或营造仿真的职业环境，整理、张贴职业规范、主要技术规程，使学生在学习期间就对相应的职业规范、技术规程有一定的认识，提升其专业素养，从而有助于其毕业后能尽快地完成从准职业人到职业人的角色转变。

第三，导入企业先进文化元素，丰富专业文化内涵。高职院校学生的就业去向大多是企业，高职院校的人才培养目标决定着高职专业文化与企业文化必须亲近。高职院校的毕业生能否在短时间内适应企业环境，融入企业文化，是专业文化建设中面临的重要问题。因此，专业文化建设要引入先进企业文化，并融于专业文化的土壤中，让学生树立正确的职业观。同时，高职院校应借鉴企业的文化内涵，使先进企业文化融入专业文化建设中，并渗透到学生的思想、行为中。在引入和吸收企业文化的过程中，要强调针对性，注重对企业文化的整合，找准专业文化和企业文化的切入点，结合学校的专业特点并根据行业、企业的具体情况共同制定"以就业为导向"的专业文化建设工作的整体规划，不断拓展内容和视野，具体方式见表3-1。

第四，丰富专业文化校园传播载体。高职院校要不断丰富专业文化传播的活动载体、物质载体与宣传载体，如创办企业家（优秀校友）大讲堂，举办企业文化、职业素养讲座，举办专业文化知识竞赛，创办专业文化长廊、专业文化墙，创办专业文化报，建立专业文化网络平台等。利用多样化的专业文化校园传播载体，使专业文化与校园文化融为一体，让专业文化建设落到实处。

表 3-1　课堂导入企业先进文化的过程及实现方式

过程	课程前期	课程中期					课程后期
		课堂外	课堂内	课堂内	课堂内	课堂内	
方式	与行业企业共同制订教学大纲、专业知识学习任务、职业素养目标、职业能力目标	了解行业背景文化，确立初期职业目标，强化职业素养要求，进行工作价值观教育	教育教学理念改革、教学方法革新	掌握行业企业富有经验的技术，管理人员参与课堂教学、实习、实训	改革实习实训环节，建立有真实行业背景的实验实训场所。以虚拟或者仿真形式打造有特色的产业文化背景	（知识理论、方案、方法）辩论、技能比赛；创新教育	顶岗实习，职业生涯再规划、再教育

4. 加强师资队伍建设，奠定专业文化建设基础

教师是高职院校培养高素质技术技能人才的关键。高职院校要重视教师的思想武装和师德师风建设，增强教师的文化育人意识和能力，增强教师文化学习、素养提升的自觉性；要加强对专业带头人的培养，使专业带头人有扎实的专业理论、卓越的专业能力、娴熟的职业技能和健全的人格魅力，使其成为专业文化建设的引领者；要通过校企合作、内培外引等方式，培育"德技双馨"的专业名师，充分发挥其在专业文化建设中的示范引导作用；要积极推行职业素养导师制，支持师德高尚、阅历丰富的专业教师担任班级职业素养导师，精准指导学生做好学业和职业生涯规划，服务学生成长成才；要完善激励机制，健全专业教师管理考评制度，激励教师参与产学研活动、专业实践能力培训等；要积极吸纳具有人文学科背景的教师、辅导员以及企业人员参与专业文化建设研究与实践活动，充分发挥其专业、文化、职业素养的优势，协助做好专业文化体系建设，推动专业文化建设的科学化发展。

5. 组织丰富多彩的科技文化活动和技能竞赛活动

高职院校在专业建设工作中还要有针对性地突出专业文化内涵，将科技意识、市场意识和创新意识融入学生的科技文化活动和专业技能竞赛活动中。例如，将优秀企业管理者请到学校，开展新技术、新工艺、新标准和科技发展动态的讲座活动；邀请校友返校做经验交流，介绍立足岗位成功、成才的经验；组织新入学的学生到企业参观，增强学生对企业的初步认识；组织社会实践活动，调查企业生产状况等，让学生亲身感受企业的竞争与压力。高职院校要通过组织开展丰富多彩的科技文化活动，培养学生的创新和追求卓越的精神、团结协作和诚实正直的品德，以及雷厉风行和强烈责任心的工作作风，为专业学习、就业和创业打下坚实基础。

高职院校要经常性地组织一些专业技能竞赛，通过技能竞赛提高学生的专业技能和参与专业活动的积极性，着力实现技能竞赛常态化，使基本技能竞赛、行业专项技能竞赛和高水平技能大赛循序渐进，环环相扣，形成完备的学生技能训练和培养体系，实现统一要求和个性化培养的有机结合，满足不同学生的发展需求，让技能竞赛成为各专业人才培养过程中的重要环节。教师要及时转化大赛成果，将大赛项目融入专业课程教学之中：以竞赛项目设计为抓手，以任务为引领，以项目为载体，引入行业标准，重构课程体系，按模块设计课程，按课程配置资源；将竞赛活动嵌入课程教学中，将竞赛项目引进课堂，探索和实践课程竞赛模式，确保技能竞赛不断线，使得技能竞赛与教学改革、人才培养相辅相成，有力促进人才培养质量的提升。

总之，高职院校只有将专业文化建设作为落实"优秀产业文化进教育、企业文化进校园、职业文化进课堂"的载体，突出高职专业文化的顶层设计，强化学生的职业道德观和职业情感培养，不断推进专业文化的内化落实，加强师资队伍建设，奠定专业文化建设基础，组织丰富多彩的科技文化活动和技能竞赛活动，才能促进专业文化建设与校园文化建设的统一，才能更好地实现高职院校文化育人目标，促进高等职业教育的内涵发展。

三、班级文化育人

班级是组成学校的最基本单位，是高职院校教育教学活动的基本单元，是对高职院校学生进行思想政治教育的重要依托，是教育和培养学生的重要载体。高职院校在注重学生教育的同时，应更加重视对班集体的研究。在班集体中，班级文化是一股奇特的教育力量，在特定的文化环境下对学生的发展起着引导和约束的作用。班级建设的好坏直接关系到整个学院的发展，而班级文化建设直接影响班风、学风和学生的精神面貌。班级文化作为校园文化的重要组成部分，对班集体的整个建设与发展具有重大影响。班集体不只是要适应学校文化，更要能改善并影响学校文化建设：积极健康的班级文化将在学生人格的塑造、认知的转变、情感的升华、交往能力提升等方面发挥举足轻重的作用。所以，引导学生共同建设班级文化，是加强班级建设、推进思想政治教育不可忽视的一个重要方面。

加强高校班级文化建设，可以促进良好班风和学风的形成，凸显出教育的力量；同时，加强高校班级文化建设对班级成员的均衡发展具有积极作用，能提升班级成员的凝聚力，并且能产生良好的约束作用。班级文化建设离不开每一个班级成员的努力，班主任是班级的一片天，班干部是班级的顶梁柱，而班级同学则是那一片踏实的土地，正是这三方有序的协调与合作才能将班级的建设工作进行得更加顺利。高职院校要加强班级的文化建设，深入推进班级文化育人工作，为学生创造良好的班级氛围，培养合格的职业人才。

（一）班级文化的内涵与功能

1. 班级文化的内涵

班级文化建设是一个重要的抓手。对于班级文化的概念，不同的学者有不同的看法。一是"思想观念—行为方式学说"：认为班级文化是班级全体成员或部分成员所具有的共同的思想观念和行为方式。二是"意识形态学说"：认为班级文化是班级全体成员或部分成员所具有的共同的价值观、处事态度等精神层面的东西。三是"物质—精神学说"：认为班级文化是由班级的物质文化与精神文化共同构成的。综合不同学者的观点，可以对班级文化进行如下定义：班级文化是指在班级辅导员与班级所有任课教师的引导下，班级同学在长期的学习和生活中所形成的班级特有的物质和精神文化的总和，这些文化决定了学生的价值取向和思维方式，从而影响了学生的行为。当然，班级是学校活动的基本单元，因此班级文化也受学校文化和社会外界文化的影响。

2. 班级文化的功能

班级文化作为一种特有的教育力量，渗透于一切教学活动之中，对学生心理素质的培养具有引导、平衡、充实和提高的作用。具体而言，班级文化具有以下功能：

第一，教育功能。班级文化是以班风、学风、价值观念、人际关系等方式表现出来的观念文化和与之相应的行为文化，对每个学生都起着潜移默化的教育作用。

第二，凝聚功能。班级成员在长期的集体生活情境下，全部成员或部分成员的价值观、思想理念、学习和行为方式等都会逐步统一化，这种共同性驱使大家对班集体产生归属感、认同感，同学间关系和谐、团结互助，这种氛围把大家紧紧地团结在一起，形成班集体的凝聚力。

第三，激励功能。其主要表现为班级文化能为每个班级成员提供文化享受和创造的空间，提供文化活动的背景以及必要的活动设施、模式与规范，从而有效激发和调动每个成员参与班级活动的积极性、主动性和创造性，使其以高昂的情绪和奋发进取的精神积极投入到学习和生活中去。

第四，规范和约束功能。其主要表现为班级文化对班级所有成员的语言、行为习惯具有一定的规范和约束作用。通过班级的各项规章制度对学生的行为做出规定，让学生明确自己该做什么，不该做什么，逐渐形成正确的认知、健康的生活方式，促进学生的发展。班级文化虽然是非正式的规矩，但是可以取得柔性的、润物细无声的管理效果。班级文化与规章制度的相互配合，可以实现对学生的规范管理。

第五，引导功能。班级文化最根本的功能就是能够引导学生接受积极、正确的价值观和行为准则。对处于世界观、人生观、价值观形成的关键阶段的高职院校学生而言，积极的班级文化对学生的成长具有非常重要的作用，能促使他们树立远大理想和确定将来的职业目标，助推他们实现自我，创造未来。

（二）班级文化的构成

1. 物质文化

物质文化是指班级的物质环境等视觉层面的文化，是班级文化的基础，也是对外展示班级精神风貌和良好形象的平台。加强和改进班级物质文化建设，对提升班级精神文化建设水平具有十分重要的作用。像班级墙报、班徽、班旗等物质形态的建设，可以作为班级精神文化的标志，成为班级精神文化建设的载体；而班刊、班报、班级网页和班级 QQ 群、微信群的建立，为班级成员的交流提供了平台，更利于统一思想的形成和健康班风的树立。班级物质文化的构建，不仅具有教育的功能，能陶冶学生的情操、塑造学生的灵魂，还能从侧面激励学生，调动学生的主动性和创造性。

2. 精神文化

精神文化是班级文化的精髓与核心，是一个班级本质、个性和精神面貌的整体表现，集中反映了班级全体成员的群体意识、舆论风气、价值取向、审美观念和精神风貌，并主要通过班风、班级目标、班级舆论、班级人际关系等方面呈现出来。班风是由班级成员共同营造的一种集体氛围，反映了班级成员的整体精神风貌与个性特点，体现出了班级的内在品格与外部形象，引领着班级未来发展的方向，对班级建设具有重要的导向作用。班级目标是指班级全体学生共同追求的目标、信念，它引领着班级的发展方向。班级舆论是指班集体的每个成员对社会、学校以及班级生活中出现的问题所发表的意见和评论。班级人际关系不仅包括学生和学生的关系，还包括老师和学生的关系。良好的班级人际关系可以促进师生之间、同学之间的沟通交流，促进班级精神文化建设，推动班级的整体发展。

精神文化体现了班级师生的群体意志。精神文化构建良好，可以增强班级的荣誉感和归属感，也更加有利于对班级进行管理。精神文化的构建涉及面广，形成也需要较长时间，因此需要从教师到学生的共同努力。

3. 制度文化

一个强大的集体需要统一思想和行动，但是这些都要建立在良好的制度体系上。制度文化建设是班级精神文化建设的重要保障，无规矩不成方圆。制度的好坏是班级文化建设水平高低的一个重要标志。班级制度的制定、完善和实施要由辅导员（班主任）和包括班干部在内的班级成员共同完成。制度一旦确定，就对全体成员具有约束作用。从学校的层面看，各高职院校评奖评优的种类都是比较全面的，如成熟的奖助学金评定条例不仅可以帮助真正有困难的同学完成学业，还可以鼓励全班同学奋力争先；严格的、赏罚分明的考勤和考评制度，不仅可以对所有班级成员起到监督管理作用，还是对先进同学的激励，也是对后进同学的鞭策。

班级制度文化可以将行为准则以机制的形式表现出来，如规章制度、班级纪律、日常行为规范等。制度的制定既要注重人的因素，又要科学合理。也就是说，不能过于苛求学生，也不能敷衍了事。班级制度文化的形成过程要求所制定的规则具有实用性和时效化，所以不能停留于制度的形式，而是要及时修订完善。

4. 职业文化

它是高职院校有别于普通高校的一种文化形式，这是由高职院校的学科特点所决定的。每个高职院校从学生入学时的专业入手，一直到学生的未来职业生涯规划，已经形成的一种完整的职业文化，就是高职院校特有的文化。职业文化主要是指职业氛围和职业要求，包括职业技能、职业道德、职业情感等多方面的知识。职业文化的构建要求以学生为中心，以提高学生的就业竞争力为目标，不仅要提高学生的职业技能水平，也要提高其职业道德水平。因此，职业文化构建也是班级文化构建中的重要内容。

（三）班级文化育人的策略

1. 加强第二课堂建设，多管齐下

丰富多彩的课外活动和社会实践活动是提高学生综合素质、培养团队精神的肥沃土壤。富有特色的团日活动和公益活动，可以增强班级同学的集体荣誉感、凝聚力，提高班级声誉。辅导员（班主任）要充分发挥班级的组织功能，精心设计和认真组织开展内容丰富、形式多样、吸引力强的文化活动。在课余时间和寒暑假，学校要支持和鼓励学生以班级为单位开展社会实践活动，引导学生在实践活动中学会生存，服务社会，锻炼能力，磨炼意志，以此来激发其社会责任感；同时，组织学生开展与专业、就业、创新和心理训练相结合的校内实践活动，让学生在志愿者服务、公益活动等实践中与社会接轨，增强服务社会的意识，帮助学生充实与丰富自我，不断增强社会责任感。

2. 提高学生的综合素质，培养班级成员的团队协作精神

首先，要提高学生的综合素质，促进有效的班级凝聚力的形成。在集体活动中，学生们的身体素质和心理素质等方面都会受到影响，参与积极的集体活动对学生个人而言也是一种学习过程。比如，学生在教室热烈讨论的时候教师要积极引导，有助于学生形成统一的主题，增强学生的凝聚力。班级各个成员之间难免存在差异性和多样性，只有形成统一的思想，才能使班级的凝聚力得到体现。

其次，要培养班级成员的团队协作精神。班级成员的团队协作是建立在成员互相尊重、人人平等的思想基础之上的。班集体是一个不可分割的团队，在这个团队中，每个学生都需要找到自身的定位，发掘自身的价值，为团队的利益出一

份力。在这个过程中，班主任的作用非常重要，不仅要调动每个学生的积极性，还要让每个学生都能感受到集体带来的温暖和希望，从而培养每个学生的集体荣誉感，这样才能在集体的力量下让更多的学生能够发挥自身的优势。

3. 发挥辅导员的引导作用，加强学生干部队伍建设

首先，要加强辅导员队伍建设，充分发挥辅导员的引领作用，让他们深入了解学生，掌握学生的思想动向，对学生不同的价值观进行整合，形成一个班级共同的正确的价值取向，这是构建班级特色文化的基础。高职院校里一个班级的学生往往来自不同的地方，他们有着不同的生活环境、生活习惯，彼此之间可能也存在着巨大的个体差异。因此，他们的思维模式和价值取向也不尽相同。尤其是刚进入高职院校的学生，思想都不太成熟，缺乏正确认知社会的基本经验。他们普遍还处于思想的动荡期，有对现状的不满，也有对未来的渴望。他们迫切希望找到人生的方向，实现自己的人生价值。但是由于他们的世界观、人生观、价值观还未完善，对客观世界的看法难免存在偏颇，这就需要高校辅导员加强对学生思想的引导，促使全班学生形成正确的世界观、人生观、价值观；高校辅导员必须对学生个体的思想态度、价值观念进行结合与重组，引导他们形成正确的共同的价值观。与此同时，还要充分挖掘每个学生的特点，调动大家的积极性，使每个学生都有参与集体活动的强烈愿望，在各类集体活动中培养学生的集体荣誉感，建设好每一个班级的班风、学风，促进每一位同学的全面发展，从而保证班级的稳定、和谐、有序发展，为班级特色文化的构建打下坚实的基础。

其次，要注重对学生干部的培养。学生干部作为学生代表，是协助辅导员处理学生事务的助手，是辅导员与学生之间沟通的纽带，在班级管理中起着至关重要的作用。学生干部不仅要在学习上起带头作用，更要在思想上为同学们树立榜样。这就要求学生干部有较强的自我管理能力，在言行举止上自我约束；有正确的世界观、人生观、价值观；具有良好的沟通、协调、组织能力和较强的责任感、集体荣誉感。班级特色文化的构建，需要班级学生干部的共同努力；班级特

色文化的发展和完善，需要班级学生干部的持久经营和维系。如果没有一个高效有序的学生干部团队，一个班级就会缺少凝聚力，那么班级必然就如一盘散沙那样难以管理，最终，班级特色文化的构建也会变成"纸上谈兵"。因此，加强学生干部的培养，建立一支高效有序的学生干部团队，是构建班级特色文化的重中之重。

4. 打造新型班级人际关系，为加强班级精神文化建设激活源泉

新型班级人际关系主要包括教师与学生、学生与学生两个方面的内容，具体表现为：师生关系融洽、民主平等、相互理解信任、互相尊重、互相支持；辅导员（班主任）工作中处处要树立以学生为本的理念，理解、尊重、关心学生，及时帮助学生解决生活、学习、交友中遇到的各种困难和问题，使学生感受到温暖；学生也要投桃报李，积极主动地为班级工作出谋划策，帮助老师轻减轻压力。师生之间就这样形成了良好的人际关系，有效地避免了不必要的矛盾和冲突，便于更好地发挥班级的整体效应。在这样的良好氛围中，学生更容易发自内心地对班集体产生一种热爱的情感，有助于他们自觉做到在集体主义原则的指导下个人服从集体，充分激发班集体的活力。

5. 建立文化建设机制，促进文化建设的长效开展

首先，要增强辅导员和任课教师以及学生的班级文化建设意识，尤其是辅导员，他们是班级文化建设的具体实践者，一定要让他们从思想上重视，在行动上积极落实。为了更好地进行班级文化建设，要从学校、二级学院（系）、专业教研室三个层次上建立完善的组织机构。学校的文化建设组织机构可以由学生处的相关人员组成，二级学院（系）由本部门学生管理人员组成，专业教研室由教研组老师以及班级辅导员组成。各级组织机构都要制订相应的文化建设项目实施方案，由班级辅导员带领学生具体实施，开展班级文化建设，形成具有专业特色、地域特色的品牌化的文化建设体系。

其次，要加强班级文化建设的考核与评价机制建设。要掌握班级文化建设工

作的落实情况和质量，要加强班级文化建设的考核。在每个学期末，三级组织机构都要对班级文化建设工作进行检查、评价，要制定具体的考核标准，对于优秀班级，要大力表彰，从而督促班级文化建设的持续有效开展。

四、寝室文化育人

高职院校的寝室是学生校园生活的主要场所，集休息、娱乐、社交、学习和其他活动于一体，是高职院校开展德育建设、陶冶学生情操、在课外进行生活教育的重要阵地，在"教室—宿舍—食堂"三点一线的生活轨迹中，学生差不多有三分之二的时间都要在宿舍度过。高校文化离不开寝室文化，每个学生都以寝室为基点，因而寝室不仅仅是一个住宿的场所，还是融学习娱乐、思想交流、社会交往等为一体的场所。学生寝室文化建设的水平，不仅反映着一所高职院校的校风校纪，而且关系到人才培养的质量。加强寝室文化育人，保证高职院校学生宿舍文化建设走向科学化、制度化、规范化，已成为学生思想政治教育的重要内容之一。

（一）高职院校学生寝室文化的内涵

寝室文化是指学生在一段较为稳定的时期内创造和形成的设施条件、行为规范、规章制度、道德水准、审美情趣及人际关系的总和，由物质文化、制度文化、行为文化和精神文化四方面构成。其中，精神文化是核心，物质文化是载体，制度文化、行为文化是表现。寝室文化的四个方面共同构成相互渗透、相互作用的有机整体。高职院校生寝室文化是附于寝室这个载体来反映和传播各种文化现象的，是校园文化的子文化，并以自己特有的方式折射出校园文化。作为一种群体文化，它在高职院校生成长的过程中起着融合、凝聚、约束、育人的作用。良好的寝室文化可以引导学生树立正确的世界观、人生观、价值观，可以激发学生的学习兴趣，可以为学生生理和心理的健康发展提供良好的氛围和环境，可以为学生综合素质的提高提供有利的条件。良好的寝室文化是校风优良、学风严谨的重要体现。因此，正确地引导和整合积极向上的寝室文化，定会对校园文化和社会文化的建设起到积极的作用。

1. 物质文化。它主要指高职院校生寝室的房屋建设、室内设施、文化设施、文化环境等，是宿舍成员最基本的自然需要。但这里的物质并非单纯的实物存在，同时体现了一定的审美意象，是宿舍文化最直观的表现。也可以说，物质文化是制度文化、行为文化、精神文化的外化。

2. 制度文化。它主要指寝室的规章制度及其执行、落实情况，是寝室文化的准则和重要组成部分，是宿舍管理规范化、科学化的必由之路，是整个寝室文化建设的重要组成部分。寝室制度文化能起到规范寝室成员言谈举止、促进其相互交往的作用。

3. 行为文化。它主要指寝室行为主体的各种行为方式，如寝室成员在学习、娱乐、消遣、人际交往等方面共同的行为特征。这一共同的行为特征不是一蹴而就的，而是主体通过长期交往、相互作用，在相互影响中逐步形成的。一旦形成，便指导着寝室成员的行为，若不遵守这种行为文化，则有可能被视为异类，被寝室其他成员所排挤。

4. 精神文化。它主要指寝室文化活动中寝室成员形成的共同理想、共同追求、共同价值观等群体意识。高职院校阶段是一个人价值观形成的重要时期，而朋辈群体则是对这种价值观影响最大的。寝室中朝夕相处的几个人，很易形成相同的价值体系，由此形成寝室核心文化，它既是寝室文化的关键，又是寝室文化的灵魂和核心。

（二）部分高职院校学生寝室生活中存在的问题

1. 习惯方面。相当一部分学生认为既然付了住宿费，寝室就是私人的生活领地，具有严重的排他主义思想。如宿舍关灯问题，由于大家的睡眠时间不同，早休息的学生想关灯便于入睡，而迟睡的学生不习惯太早关灯。

2. 环境方面。学生寝室的格局大都是居住 6～8 人，学校每周会对各寝室进行定期检查，因此大多数寝室的卫生状况还是比较好的。但很多寝室搞卫生只是为了应付每周一次的检查，检查一过，寝室卫生状况就很难令人满意了。

3. 心理方面。高职院校中相当一部分学生是独生子女，部分学生由于从小娇生惯养，对集体生活不是很习惯，思考问题或行事一般都以自我为中心，对学校及寝室等人员有过度的依赖或不信任，对执行学院学生寝室管理的规定一般比较冷漠。

4. 行为方面。相当一部分学生把高职院校的集体生活视为对从小学到中学阶段由家长、老师全程陪同监管的一种解放，放松了对自己的要求，造成众多不和谐的因子，归结起来有以下两种表现：一是牌局，个别学生不认真学习，几个人团团围坐在桌前打牌，无限制地笑闹，影响他人，累坏自己；二是吃喝，有些学生买些啤酒小食，"对酒当歌"，互诉衷肠，"把酒问青天"，常出现酗酒滋事的现象。

5. 人际方面。舍友是高职院校生每天都要面对的人，因为每天都要接触，所以极容易出现两种极端的情况：一种是好到穿一条裤子，另一种是表面要好内心厌恶。出现这两种情况是因为每个人的价值观不同，因此交友时的选择就会不同。如果两个人彼此欣赏，待在一起的时间越长关系就越亲密；如果两个人关系紧张，那么时间越长，反而越彼此厌恶，甚至使寝室人际关系恶化。

6. 管理方面。一是管理机制等不能适应新时期高职院校生寝室文化建设的要求。学校一般只注重寝室硬件设施建设，对学生在寝室的思想状况、学习状况关注不够。规章制度对高职院校生在寝室的生活、学习、言谈举止、道德规范作了规定，但制度的执行还没有真正进入寝室成员的心里。二是安全意识差。很多寝室失窃情况屡屡发生，电线、网线乱接乱搭，给寝室安全留下了极大的隐患。三是高职院校公寓管理人员、服务人员的服务意识不强，部分人员服务态度不好，服务质量不高，服务效率低下，由此引发学生对学校工作的强烈不满。

（三）寝室文化育人的策略

1. 融入社会主义核心价值观教育，突出精神文化内涵

精神文化是寝室文化建设的核心和精髓，高职院校要将社会主义核心价值观教育融入寝室文化建设全过程中，使其形成良好的精神文化氛围。

第一，增强高职院校学生对社会主义核心价值观的认知。加强社会主义核心价值观基本内容的宣传和学习，引导学生在理想信念、道德准则等方面进行深层次的探讨，让学生深刻了解其精神实质，用核心价值观作为准则来约束自己的行为，使其树立正确的世界观、人生观、价值观，做到是非分明，自觉为创建积极向上的寝室精神文化做贡献。

第二，大力弘扬中华民族的传统美德。在现实生活中，有些学生不整理寝室内务、浪费水电、破坏公共设施甚至在寝室内偷窃，这些不良行为有悖于"勤劳、节俭、诚实、守信"的传统道德观念。这就需要加强对高职学生"勤俭节约"和"诚实守信"的主题教育，学校可通过制作相关宣传海报或利用楼宇文化大力宣扬，让学生在日常生活中体验劳动的价值和意义，逐渐养成爱劳动和尊重他人劳动成果的良好习惯，教育学生形成诚实待人、守时守信、勇于承担责任等道德观念。

2. 狠抓基础文明养成教育

养成教育是寝室文化建设的基础。著名教育家叶圣陶先生曾说过，教育就是养成良好的习惯，所以养成教育是基础教育。现在很多学生寝室物品乱摆乱放，被子不叠，值日生不负责任，这些都是基础教育、基础文明缺失的表现，学生基础文明的形成需要在日常生活中积极培养，持之以恒。学校教育是育人工作的基础工程，也是实施素质教育的基本内容。现在很多高职院校生寝室卫生状况不好，经常有高职院校生起床不叠被子，值日生工作不负责任，在寝室内随地吐痰，甚至脏话连篇，这些都是基础教育缺失的表现。高职院校应在寝室内对高职院校生进行爱国主义教育、集体主义教育、理想信念教育，大力提倡传统美德、

健康的日常行为和卫生习惯，使高职院校生的精神面貌发生大的改变，养成良好的生活习惯。

3. 树立"以人为本"的管理思想

第一，让学生参与寝室文化建设。发挥学生的主动性，把学生寝室管理的目标转化为每一位学生自身的内在需求，使学生不是被动地参与，而是伴随积极主动的意识和责任感，站在履行自己的义务的高度热忱地、创造性地参与寝室文化建设。

第二，管理学生寝室的老师要有爱心，要细心、耐心。在生活上关心和爱护每一位学生，急学生之所急，忧学生之所忧；在管理方面眼勤、嘴勤、腿勤，这样才能及时发现和解决问题，防微杜渐，防患于未然。

第三，辅导员要在情感上感动人、人格上尊重人，充分信任每一位学生。辅导员要经常深入到学生寝室中去，不摆架子，不以势压人，而是积极地与学生沟通交流，与学生建立深厚情谊；引导学生互助互爱，让学生在集体生活中学会与人相处、与人合作，学会共同生活，彼此谦让，形成一个学习风气浓厚、人际关系融洽、有着共同追求的集体。

4. 积极开展高职院校生寝室文化建设

第一，积极推进学生思想政治工作进寝室、进公寓，给学生营造一个"安全、卫生、舒适、美观、文明"的学习、生活环境，要加强学生寝室文化建设。高职院校的辅导员要进公寓，深入学生寝室，与学生多接触，对学生多了解，及时掌握学生寝室中存在的问题并快速解决；在学生公寓中对学生进行思想政治教育。高职院校要尽快建立对学生工作的有效考核和激励机制，解决体制不顺、部门之间职责不明等问题，建立全校上下齐心协力、齐抓共管的协调机制等。

第二，建立完善的规章制度，规范管理。寝室管理制度和寝室文化建设，要努力做到法治化、科学化、规范化、人性化。在学生寝室文化建设中，要真正做到依法管理，尊重、保护学生的合法权益，这有利于充分调动学生的主动性、积极性和创造性。同时，应建立对学生寝室管理的有效监督和保障机制，对寝室管理工作进行定期督察，并能够经常深入学生中间了解其意见和建议，为政策的制定或修改提供参考。

第三，培养一支高素质的高职院校生寝室管理队伍。一是学院党委要高度重视，相关部门要密切配合，学生处、团委、保卫处和总务后勤要安排专人负责协调寝室中学生的思想道德、人文素养、安全防卫，以及寝室中各种硬件设施的配置和维护等方面的工作。二是主管学生工作的书记、辅导员、班主任和院系党员干部要不定时地走进学生宿舍，与管理员和学生进行面对面的交流和沟通，了解寝室管理工作、健全寝室文化建设的规章制度，实行规范运作。

第四，加强高职学生寝室文化建设专题研讨。定期召开座谈会、交流会，开展调查和研讨，不断发现问题、解决问题；总结学生寝室管理、学生寝室文化建设方面的经验，探索学生寝室管理、学生寝室文化建设的新思路、新方法。

5. 重视并鼓励高职院校生参与寝室文化建设

第一，充分发挥学生党员先锋模范作用、学生干部的桥梁、纽带作用。加强高职院校生寝室文化建设，学校、学工队伍、寝室管理人员是核心，寝室的管理制度是保证。但仅凭这些还不够，还必须发挥学生自我教育、自我管理、自我服务的职能。因此，学生寝室文化建设必须充分发挥学生骨干的模范带头作用，使他们自觉遵守寝室管理的规章制度，激发他们共同营造"文明、上进、创新、和谐"学生寝室文化氛围的热情与自觉性。

第二，加强各寝室室长及学生干部相关知识的教育。要选好寝室长，这样不仅能及时掌握寝室里发生的各种事情，而且寝室长与寝室其他成员年龄相仿，在思想上、感情上容易沟通。因此，寝室长的素质，在较大程度上，影响着寝室文化的质量。

第三，开展丰富多彩和健康有益的活动。要发挥学生寝室自律委员会或相关社团的作用，开展"寝室文化节"、象棋赛、"爱心"主题演讲比赛等学生喜闻乐见的一些寝室文化活动，特别应鼓励创造个性化寝室和校园文化。如有些学生为自己的寝室取了具有个性化的名字，贴在寝室的门上，这样学生能感到自己的学习、生活环境能自己做主，从而促进学生身心健康、和谐发展。

第四，积极开展文明寝室、优秀寝室评比活动。为了使学生寝室成为整洁、舒适、美观、安全、文明的休息、学习和生活的场所，应积极开展"文明寝室"创建活动，对优秀寝室予以表彰奖励，对做得不够的提出批评，并强令整改，从而有效地促进全校寝室形成良好的风气。

6. 发挥网络资源优势，弘扬积极的寝室行为文化

随着社会进入"互联网+"时代，网络已成为学生学习、生活的必备平台，给学生的行为方式、思维方式等带来了很大的影响。高职院校应充分利用网络资源优势，有效推进寝室文化建设，既要加强网络平台建设，以寝室管理网站为主阵地，优化网络资源，积极开展思想政治教育，为学生提供一系列咨询服务；又要规范网络行为，通过必要的技术手段加强对局域网的管理，净化网络环境，加强网络道德教育。同时，也要引导学生正确看待网络环境下的寝室人际交往行为，树立正确的人际交往观念。

总之，寝室文化是思想教育的重要窗口，是校园文化建设的重要组成部分。高职院校应该牢牢把握思想教育的主体，以寝室文化建设为契机，让寝室文化建设在素质教育中发挥重要作用。

第四章 高职院校文化育人存在的问题及解决思路

中国高职院校在近几十年时间里，得到了快速发展。在这个快速发展的过程中，我国高职院校在文化育人方面，特别是在理念、途径等方面取得了可喜成绩，然而在发展过程中也遇到了许多问题。

第一节 高职院校文化育人存在的主要问题

一、高职院校文化育人的现状

（一）教育主体认识到文化在高等教育中的重要性

在我国汉语体系中，文化的本义就是"以文教化"，它表示对人的性情的陶冶、品德的教养。在知识经济时代，中国大学更多的是沿着知识传递、知识创造和知识应用的逻辑来培养大学生，而文化育人的功能得不到正位。英国哲学家怀特海曾说过："我们要造就的是既有文化又掌握专门知识的人才。专业知识为他们奠定起步的基础，而文化则像哲学和艺术一样，将他们引向深奥高远之境。"所以，文化离开了知识，就像树木丢了根；知识离开了文化，就像舟丢了舵。文化育人，浅层次上可以说是对人品、素质的培养；深层次上是对文化的传承与发展。

高职院校在对学生进行教育时，要注重他们的全面发展。不仅要向他们传授科学知识、专业技能，同时还要传输思想观念、道德规范，以促进他们的科学文化素质和思想道德素质的全面提高。要达到这样的效果，文化则可以提供有效的途径，它以熏陶和渗透的方式，将人类优秀的文明成果传递给学生。高职院校文化育人在于帮助学生学会做事的同时，学会做人，指引学生正确处理与他人、自然、社会之间的关系。其实早在 20 世纪 40 年代，梁思成先生就呼吁教育走出"半个人的时代"，但当时的大学教育人文精神有所缺失。而近年来，我国教育界内外都在倡导素质教育，虽效果十分明显，但还留有"知识教育"教育体制与教育模式的痕迹。未来，我国高职院校的发展需逐渐将知识育人与文化育人有机地结合在一起。

（二）育人过程尊重教育对象的主体意识增强

高职院校文化需要有人文、科学、开拓、奋斗的精神，以人为本作为高职院校文化的精髓，体现着强烈的人文精神。优秀的高职院校文化代表的发展方向应该是"以人为本"的，即以绝大多数具有平等权利的个体的人为本，而不应当是以物或以经济为本或者以少数人的利益实现为本。高职院校师生同时也是学校教育的主体，高职院校的教学、科研、管理和服务始终围绕着生活在校园里的师生进行。高职院校校园文化要以促进人的全面自由发展为目标，体现出人文关怀和道德情感，要把教育同人的自由公正、尊严幸福等结合起来，坚持以人为本。

新时期，国家对教育更加重视，高职院校也增加了经费渠道，扩大了办学规模，校园环境在美化，教学设备日益完善。重视硬件建设的同时高职院校也认识到校园"软实力"在育人中的作用。大学的一切办学活动的目的是培养学生成人、成才，因此高职院校在文化育人过程中必须以人为本。高职院校文化建设的各个环节都在强调将以人为本落到实处，充分尊重广大师生在教育中的主体地位，始终围绕着培养和发展人这个核心来开展工作。北京大学的王义道先生曾把学校文化环境概括为四个字"文、雅、序、活"，其中的"文"体现知识，为了使学生置身于校园中可以随时学到知识，北大的教室、图书馆和实验室里，甚至学校的花草树木、名胜景观、历史文物、道路宿舍等都有文字说明。除了北大的学子，任何去北大观光的人只要进入校园就能感受到一种科学与人文气息的熏陶，这是一种以人为本的体现。随着我国经济体制和教育政策的调整，学年制的存在有限制学生个性的发展的弊端。学分制在我国高职院校的普遍实施，也是以人为本的一种很好的体现。学分制的优势："有利于学生教育教学中主体性的提高，有利于教学资源的有效利用，有利于教师改革教学、管理者改进服务"。师生关系上进一步明确学生是主体的理念，同时要注意到对学生的限制太多反而容易消磨学生的积极性，不利于培养杰出的人才。

（三）高职院校文化育人的途径多样化

改革开放四十多年，各种思想文化相互激荡，大学是社会的一个缩影，它也反映着社会环境的变化。传统学年制条件下，学生步调一致，在学校接受着教学管理和集体主义教育。相比较于传统课堂内教学，课堂外教学在时间与空间上更加开阔，教育形式上更加多样，教育内容上更加丰富，课堂外教学在培养大学生方面有许多优势。新时期高职院校的文化育人工作可以通过组织开展各种文化活动，广大师生广泛参与，寓教于乐，在活动中达到育人的目的，比如大学生科技文化艺术节、歌唱比赛、辩论演讲赛、书画摄影展、文娱体育赛事等。目前，高职院校各项课堂外活动的组织大多是由学生社团来承担的，呈现出社团化的特点，社团在育人方面发挥了重要的作用。

高职院校文化育人应该利用一切可以利用的资源来进行，不能够仅局限于课本知识和校内资源。红色文化资源的开发和利用，不仅能够丰富充实高职院校文化的内容，同时有利于改进高职院校文化育人的途径，它表面上看来虽然年代久远，但是离学生最近，是教学中理论联系实际的最好内容。例如，河北省的西柏坡是全国著名的革命圣地，具有历史意义的七届二中全会便是在这里召开的。在会议的所在地西柏坡形成了以西柏坡纪念馆为代表，由西柏坡中共中央旧址、西柏坡石刻园、五位书记铜铸像、国家安全教育展览馆等形成了极为丰富的红色文化资源和宝贵的精神财富。利用西柏坡丰富的红色文化资源在高职院校开展红色文化教育，在高职院校德育教学中用"红色文化"指导大学德育工作全过程，从班级教学、实践活动、环境熏陶、网络建设等方面创新红色文化育人的载体，将极大提高高职院校育人的实效性。

二、高职院校文化育人存在的问题

（一）高职院校文化育人的理念落后

不光是中国，整个世界都在不断发展、不断变革之中，人们的思想、生活、价值观念等，受到了政治格局多元化、经济全球化、科技现代化、社会信息化的巨大影响，高职院校的教育工作也迎来了新的挑战。全社会"重理轻文"的现象依然存在，人文社会科学被边缘化的趋势仍然存在。加上功利主义、市场经济的影响，有些高职院校意识到专业和职业教育对于学生未来择业的意义，但培育过程却忽视人文和科学基础教育，结果出现有知识没文化的现象。如果高职院校教育中缺乏人文精神，那就意味着高职院校在文化育人中不能很好地完成文化传承创新这项使命。缺少优秀传统文化的熏陶，高职院校更谈不上文化再创新。

进入大学之后，学生被动式的创新现象普遍，文化育人过程中学生往往习惯"拿来"知识，学校、老师指导学生追求什么，学生们就去追求什么，缺少原创性的创新意识和创新思维。鉴于此，高职院校需要积极转变文化育人理念，因为理念是先导，只有科学的教育理念才能培养出合格的人才。高职院校在文化育人过程中要重视优秀传统文化对学生的影响，让广大学生在继承传统的基础上不断开拓思维，培养创新精神。

（二）高职院校文化育人内涵建设薄弱

高职院校文化包括物质、制度、精神、活动和网络等多个方面，高职院校文化育人的内涵也应囊括这几个方面的内容。其中，物质文化可以说是高职院校文化育人的基础，制度文化是高职院校文化育人的保障，而精神文化则是高职院校文化育人的核心内涵，这三种文化都可以通过学校活动表现出来，网络文化作为一种新型文化在现代高职院校教育中发挥着越来越重要的作用。在新形势下有些高职院校对校园文化的教育意义缺乏深入认识，狭义地认为完成这项工作就是搞好校园文体活动，把育人工作简单理解成做好学生的思想教育管理工作。

目前一些高职院校，在具体的文化育人工作中存在重心偏低的问题，太过重视实用性教育，只抓物质、制度方面的建设，忽视精神文明建设。在校园建筑的整体布局上忽略和谐美，只讲规模不讲内涵，盲目扩建，许多学生感觉校园比以前漂亮了，但商业气氛也更浓了，缺乏文化气息。有些高职院校虽然强调精神文明的重要性，但也存在认识上的误区，将校园行为文化停留在一些浅层次的娱乐性、消费性活动上。例如，有些学生社团出于丰富课外生活的目的，只讲娱乐性不求学术性，经常举办一些歌曲比赛、棋类比赛，而鲜少涉及知识竞赛、读书报告会等专业性、学术性较强的活动。高职院校的文化育人工作应将校园文化建设与学科设置有机结合起来，才能娱乐效果、教育效果兼具。有的高职院校把文化育人工作局限在学生管理和思想教育层面上，把校园文化育人附属于学生管理部门，强调其控制功能、导向功能、凝聚功能、激励功能，以及改善生活、学习条件的物质功能，把校园文化育人工作看作教育活动的管理方法和管理手段，并没有把校园文化育人放在整体办学规划的大背景下来实施。

（三）高职院校文化的品牌意识缺乏

品牌是大学的名片，是实力的标志，正如美国著名广告专家莱利·莱特（Larry Light）所说："未来的营销是品牌的战争、以品牌互争长短的竞争，商界与投资者将认清拥有市场比拥有工厂更重要，而拥有市场的唯一途径是拥有具有市场优势的品牌。"任何一种文化都会拥有属于自己的内涵，高职院校文化也有其独特之处，例如，区域不同，层次不同，学科不同的高职院校有着区别于其他大学的特色文化，发展好也可以成为一种品牌。高职院校文化品牌作为校园文化教育的旗帜，是一种无形的资产，可以让高职院校在激烈的竞争中吸引更多的关注度。目前我国一些历史较为悠久的知名大学，在其文化育人过程中都重视自身的特色，而一些新兴院校总是有从众、跟风的现象，没有根据自身的优势和专业特点来制定文化建设发展模式，也就缺少了独具魅力的校园品牌文化。高职院校文化品牌的建设离不开创造精神，领导者要有品牌意识，要根据教育环境的改变适时调整学校的教育内容，在充分把握自身优势的基础上合理借鉴校内外知名品牌构建的经验，给学校的文化品牌准确定位，定位成功之后需要通过各种物质和精神载体传递给学生。

新时期，高职院校文化品牌的培育面临着市场经济、多元文化、校区分离等问题，这使得一些学校为了发展，提升办学竞争力，在构建和谐的校园文化过程中不根据本校实际，不尊重本校传统，不发掘学校自身的优秀文化，仅仅通过考察来模仿别人的经验，在校园文化品牌培育过程中存在许多误区，例如重包装不重内涵、求数量不求质量等。"十年树木，百年树人"，真正的品牌不是一蹴而就的，它是一个长期积累塑造的过程。然而有些高职院校缺乏长期规划，在品牌培育上过分急躁，只期望速成品牌，跨步进入品牌的成熟期，对品牌本身内涵的育人价值和实际成效不多考虑。这种只注重培育了多少文化品牌，忽视校园文化品牌潜移默化的育人功能的行为，与打造校园文化品牌的初衷背道而驰。

（四）高职院校文化育人机制不健全

当前，我国高职院校运行机制改革方面取得了一些进展，如建立以教职员工"能上能下、能进能出"为特征的合理流动机制、以"效率优先、兼顾公平"为原则的教职工分配激励机制等。我们知道，校园文化是社会文化的一部分。创新的学校文化，既是对传统教育的尊重，又是对未来教育的重视，在教育中起着举足轻重的作用。但从适应社会主义市场经济体制和满足文化育人发展的需要来看，机制建设仍存在一些问题。

不管是何种类型的管理，都要实行人本管理，这是管理的一个核心要求。有些领导将主要精力放在业务工作上，抓业务工作硬，抓文化建设软，队伍建设有名无实，或有人无岗。高职院校的文化育人工作贵在坚持，要在日常的工作、生活、学习中常抓不懈。而有的学校忙于应付检查评比，文件下来时红红火火地去搞，检查过后又没了踪影。学校购买图书资料、仪器设备，维修体育馆、活动中心，举办各种文体艺术节等都需要大量的经费支持。由于经费紧张，许多学校物质文化建设跟不上，无法满足广大师生日益强烈的精神文化需求。为了保障文化育人工作正常进行，学校要广开门路，保证经费投入。由此可见，没有健全的体制，高职院校的文化育人工作也很难完成。

（五）高职院校文化育人合力尚未形成

一所高职院校的文化包含着十分丰富的内容，要做好文化育人工作，必须做到各种文化要素的有机融合和相互贯通，重视不同形式的文化育人合力的重要性，切实提高育人工作的实效性。文化育人工作是一个复杂的工程，不是哪一个部门能单独完成的，需要各个部门形成一种合力，集结学校的各种文化资源，实现多渠道育人。学校机关、图书馆、陈列室、教室、学生社团、宿舍等各种类型的组织文化都属于高职院校的基层文化组织，是文化育人的重要载体。然而有些学校在育人工作中忽视这些载体的合力，不把文化育人工作融入学校的总体办学规划中，将文化育人与学校整体教学工作割裂开来，使育人效果差强人意。一些学生社团组织的文化活动由于缺少专业教师的理论指导，不能将校园文化对大学生的成长成才的意义凸显出来，活动主题缺乏内涵，学生也只顾娱乐，没有学术效果，这样也间接缩小了受众群。

还有一些学校在育人工作中忽视理论课程与其他文化载体的合力，认为搞好文化育人工作，就是做好学生的思想政治教育，开设相关的思想道德课程就可以完成。各个部门没有做到有力配合，学校的课程开设、专业设置、师资配备、课外活动等都割裂开来。学校的育人目标是追求学生的德、智、体、美全面发展，这不是单独的某个部门能完成的，对内需要课堂教学与校园活动、宿舍生活等形成合力，对外需要借鉴其他大学先进的文化育人理念，需要引进企业文化、地域文化等共同完成。因此，高职院校在发扬校园精神文化的同时，应加大力度促成文化育人合力的形成，积极开拓文化育人途径，提高文化育人工作的实效。

三、高职院校文化育人存在问题的原因分析

随着国际化竞争的加剧，高素质技术人才的需求越来越多，职业教育也逐渐受到重视，学校的文化育人工作刻不容缓。而在现阶段，学校的文化育人工作却存在一些问题需要解决。因此，对高职文化育人工作存在的问题进行原因分析具有重要的意义。

（一）缺乏系统规划和理论指导

1. 办学条件有限、办学时间不长

高职教育作为高等教育的一部分，其办学时间并不长，有的是由中职院校升级而来，有的是由几所院校的合并而来，没有统一的文化历史底蕴。在高职院校形成后，原学校的文化影响还在，未经过整合的院校文化导致现行高职院校的文化特色难以体现出来。相应的理论也尚不成熟，同时缺乏实践经验，故高职教育还处于"摸着石头过河"的阶段，缺乏系统的规划和成熟的理论指导。

2. 急于求成

为了应付教育评估，为了扩招实现效益，部分高职院校急于求成，在高职文化建设中摆空架子，导致其理论很多，但是实施的难度和可信度还值得商榷。文化育人是一项长期工程，需要高职院校的系统规划与切实的理论指导。就像酿酒，时间越长，酒就越香醇，文化育人过程若是急于求成，只会适得其反，难以实现育人目标。

（二）定位不明确

1. 人才培养目标定位的理解停留在表层

高职院校的培养目标要求培养技术性、应用型人才，而如何在坚持文化育人理念的同时准确定位高职培养目标，是高职教育需要认真考虑的问题。然而，当前部分高职院校在人才培养过程中，只是简单地理解人才培养目标，过分注重对学生"工具性""技能型"的培养，在"情"与"意"上缺乏文化熏陶，难以真正实现育人目标。

2. 办学定位趋同

大部分高职院校在办学定位上都千篇一律，缺乏自身特色。究其原因，一方面是由于教育评估的压力，高职院校为了评"优"，竞相模仿，建新校区，亟待升级为本科，缺乏自身特色。同时，因为高职院校办学历史不长，大多数学校的发展还处于摸索阶段，缺乏一定的自信，学校的领导只是盲目地扩招，与同级院校攀比，对如何办出质量，如何运用自身文化实现育人目标，如何实现跨越式的内涵发展甚少考虑，偏离了高职院校的办学宗旨。

（三）认识不够深刻

1. 学校领导人不够重视

一个学校的领导对于整个学校的办学目标和办学方向具有决定性的作用，而由于高职院校的领导办学理念、办学思想的不同，因此在学校建设中出现了部分学校的发展重点以扩大生源为主，盲目扩大办学规模，宁愿建新校区，也不愿花精力进行文化建设以增强学校的文化底蕴，提升文化品位的现象。

2. 未真正理解文化育人的深刻内涵

一是简单地将文化育人工作理解为校园文化活动，例如社团活动、文艺晚会等；二是认为文化育人就是思想教育，没有站在育人的高度深层次地理解文化的功能。因此在制定办学目标上，高职院校未充分考虑文化育人功能；在文化建设中，高职院校单纯地以开展各种校园文化活动为主，没有真正地理解文化育人的深刻意义。

（四）教师主导作用有待加强

1. 教师的参与度不够

教师对营造高职院校的育人环境具有重要的作用，其既传播文化知识，又担负着创新文化的重任。然而，部分教师却只注重知识传授，轻视校园文化参与，认为校园文化专属于学生，导致学生盲目地开展校园文化活动，浪费人力、物力、财力，在活动结束时，却没有收获到任何教育意义，这偏离了高职院校人才培养目标。

2. 部分教师的素质偏低

高职院校若要营造浓厚的精神文化氛围，需要有高素质的教师与优秀学生的共同参与。然而，随着学校的扩招，由于对部分教师在招聘时未能做到"严把关、高要求"，一部分素质偏低的教师进入学校鱼目混珠，降低了学校教师的整体水平。还有部分教师把心思集中于评职称、写论文上，没有与学生深层次地接触，在思想上没有高度重视文化育人，未能真正做到教书育人，发挥教师的主导作用。

总之，高职院校的文化建设对学校提高办学水平和办学质量，培养高素质人才具有重要的作用。对高职院校文化育人进行实践研究，深入剖析学校文化育人现状及存在的问题，有利于高职院校坚持走内涵式发展的道路，提升文化自觉，树立文化自信，建成世界一流的高职院校。

第二节　高职院校文化育人的对策思考

一、不断丰富高职院校文化育人的时代内涵

国内外局势的变化和新一代大学生所表现出来的新特征对高职院校文化育人提出了新课题，文化育人工作者只有针对这些新特点，有的放矢，对症下药，才能提高文化育人的实效性。本节试着从以下几方面分析。

（一）创新高职院校文化育人的理念

1. 内容上重视优秀传统文化的德育功能

自党的十八大以来，习近平总书记多次强调传统文化的重要性。他指出，要重视中华传统文化研究，继承和发扬中华优秀传统文化。实现中华民族伟大复兴的中国梦，必须要有中国精神，而中国精神必须在坚持社会主义核心价值体系的前提下，积极深入中华民族历久弥新的精神世界，把长期以来我们民族形成的积极向上向善的思想文化充分继承和弘扬起来。优秀传统文化中的天下为公的爱国精神、推己及人的仁爱精神、兼容并蓄的包容精神、自强不息的进取精神、笃学致用的求真精神、与时偕行的创新精神，涉及中华民族的风俗习惯、道德情操、思想价值观念、礼仪制度和行为方式等。这些优秀的传统文化与高职院校其他层面的文化一起优化着校园德育环境，使身处其中的师生在自觉与不自觉中受到道德教育，形成正确的思维方式和行为方式。学校文化育人最主要的目的是立德树人，为国家培养德才兼备的优秀人才。因此，努力挖掘中国优秀传统文化中的德育资源，形成文化育人的机制，增强高职院校文化育人的实效。

马克思说过："人们创造自己的历史，但是他们不是随心所欲地创造，并不是在他们自己选定的条件下创造，而是在直接碰到的、既定的、从过去承继下来的条件下创造。"中国传统文化是我们的先辈传承下来的丰厚遗产，曾长期处于

世界领先的地位。传统文化所蕴含的思维方式、价值观念、行为准则，一方面具有强烈的历史性、遗传性，另一方面又具有鲜活的现实性、变异性，它无时无刻不在影响着今天的中国人，为我们开创新文化提供历史的根据和现实的基础。全球化过程中，当今的中国也是世界的中国，而我们的文化也是世界的文化，这也是我国博大文化发展的必然趋势。为了弘扬中华传统文化，为了与世界接轨，在进行文化育人工作中，要做到与时俱进，富有创新精神，赋予优秀传统文化现代、崭新、世界的含义，要与西方先进文化实现对接，对世界历史文化、异域民族文化、各国文明的成果包容借鉴。

2. 目标上重视创新型人才的培养

有文化底蕴的学校能够最大限度地教育人，它不是以培养考试能手为目标，而是以培养具有创新能力的人才为己任。因此在高职院校的文化育人工作中，教育者要提高认识，转变观念，充分认识高职院校文化对创新人才培养的重要作用。创新离不开基础的科学研究，学校教育要体现出素质教育观，要把传统的知识与能力培养结合在一起。要在学生平时的理论知识学习和研究的过程中，鼓励他们自我强化创造性意识、创造性思维和解决问题的态度。要鼓励他们不断摸索创新能力培养的途径，即充分体验知识积累、悟性、感知、习惯、实践的能力。爱因斯坦说："用专业知识教育人是不够的。通过专业教育，它可以成为一种有用的机器，但是不能成为一个和谐发展的人。"创新需要经济、文化、社会等要素共同作用，对创新人才的培养需要做到专业教育与人文教育的统一。教育者要从经济学、社会学、心理学等多方面来对创新人才进行培养，使创新人才达到智力与素质的完整结合。

为了培养出具有崇高理想、优良品德、丰富知识、过硬技术的高素质创新人才，高职院校应做到育人观念的思想大解放，鼓励学生个性发展，树立终身学习和系统培养观念。教师应改变考的分数高的就是好学生，拿得证书多的就是能力强的观点，不以标准化的模式来衡量教学质量，把促进人的创新能力、全面发展及适应社会需要作为衡量人才培养水平的根本标准。高职院校在文化育人中，以培养学生的健全人格为主线，以学生个体成长的内在逻辑为遵循，以不同阶段的大学生的不同认知能力和身心特点为依据，构建全面系统的文化育人体系，做到课堂教学与课外活动有机结合，重视教师在理论灌输教育方面的作用，主动挖掘学科知识中所隐含的健全人格教育资源，使学生发展创新能力的同时，人格得到塑造。

3. 途径上重视自由学术氛围的营造

在教学科研管理上，我国高职院校在坚持四项基本原则的基础上，鼓励师生解放思想，大胆探索，勇于创新。高职院校的一切科学研究活动必须只服从真理的标准，而不能受任何外界的压力。自由的学术氛围是高职院校生命力和精神的体现，它可以为师生发展思想、扩展思维以及教学、科研活动提供良好的环境。营造自由的学术氛围的根本目的在于为师生提供一个民主、宽松的学术环境，鼓励师生勇于追求真理，对事物进行理性的判断和实事求是的分析。

学术氛围作为校园精神层面的一种文化，指的是校园人在开展学术活动的过程中所形成的相对稳定和持久的，并能被人们所感受到的一种氛围。高职院校的文化育人工作要做到以人为本，充分尊重受教育者的主体意识，不管是教授，还是普通教师和学生，要以他们的需要为出发点，给予他们充分的自由。因为人是能动的，他们需要与校园环境产生一种互动。在学术领域里要想实现"百花齐放、百家争鸣"的局面，需要做到学术面前人人平等，鼓励不同学派和不同学术观点的交流。教师在教学中能自由地发表言论，自主地进行科学研究；学生可以自由地选课、选教师，能够在知识的海洋里尽情地遨游。

（二）拓展高职院校文化育人的外延

1. 改进物质文化育人

校园物质文化是学校各种看得见、摸得着的物质文化形态，主要指校园环境、教学科研设备以及各种文化体育生活设施等，这些都是学生可以通过感官直接体验到的。加强高职院校的物质文化建设，营造良好的校园文化育人环境，强调"借山水以悦人性，借湖水以净心情"的效果。这就要求建设物质文化的过程使校园内的每一种物化的东西都能体现学校的精神和特色，都能起到教育师生的作用。苏联著名教育家苏霍姆林斯基说过："我们在努力做到使学校的墙壁也说话。"这里所提到的墙壁，是具有教育作用的环境建设的有关组成部分，属于校园文化的一部分。为了更好地发挥物质文化的育人作用，高职院校要对其环境进行总体规划、分区建设、分步实施。

首先，要对学校的建筑、设施、园区、道路等，从教育、艺术的角度，结合自身学校的特点，挖掘学校的历史文化内涵，整体规划、合理布局，使之既具有教育价值，又具有审美价值。校园中建筑的造型、风格、色彩以及道路、广场、雕塑、路灯、橱窗等，不能混乱不堪，要讲究整体和谐和审美情趣。如果没有统筹安排，每建一栋楼、一个景点，都随意选一个位置，这就会破坏整个校园的和谐美，降低大学文化的品位。例如要在宿舍园区内建一个名人雕塑，若建在食堂门口就会显得极不协调，不管是为了满足食欲进食堂，还是饭饱之后走出食堂，学生都不会在这里驻足欣赏雕塑，反而浪费了这一育人载体。如果将雕塑建在园区一个优美的花坛附近，当学生散步时在此停留片刻，欣赏雕塑的同时也可以起到很好的教育作用。

其次，要从方便校园人学习、生活及相互之间联系的角度出发，把功能相同或相似的区域建在一起。不同的区域有不同的功能，要分工明确，划分清楚。例如，教学区是广大师生进行学习的地方，需要营造一种安静的学习氛围。如果将教学区与生活区或活动区混杂在一起，就会相互干扰，破坏学习环境，影响师生的工作和生活。

最后，利用物质文化进行育人时，要分步进行，不可急功近利。冰冻三尺，非一日之寒。历史较短，文化底蕴不深的新建大学，虽然缺乏历史遗留下来的名胜古迹，但可以从教育的视角，精心设计一些富有文化特征的人文景点，使之在潜移默化中转化为校园人特有的内在气质。例如，可以采用建立校史陈列室的方式，把学校成长和发展过程中所获得的有关荣誉收集起来放在一起，这是对学生进行集体主义教育的一种很好的形式。

2. 推动制度文化育人

大学校园文化的制度育人是以学生的全面发展为目标，遵循学生身心发展规律，制定科学、公正的校园文化制度，在制度的制定、实施过程中使教育主体认识到制度是重要的育人资源，通过建构良好的校园文化育人制度，形成和谐的制度化生活方式，提升大学校园文化的育人功能。高职院校的文化育人需要在一定的制度规范下开展，它本身就是一种制度性的育人活动，制度应内含积极的教育价值，制度与育人都为"人"服务，实现校园人的幸福生活，这是制度育人得以存在的理论基础。

高职院校制度文化按照不同的标准，可以划分为不同的种类。按照制度文化的内容，可以将制度文化分为行政工作制度、德育工作制度、教学工作制度、体育卫生制度、后勤管理制度等。这些制度文化可以起到价值引导、行为规范、目标激励、精神陶冶、自我教育等作用，对学生的世界观、人生观、价值观的养成具有润物无声的作用。具体到每所高职院校都会有自己的教学科研制度、实验室管理条例、宿舍管理条例、奖学金评定制度、毕业论文规范等，对这些规范条例的遵守过程实际上也是一种接受教育的过程。以奖学金评定为例，文本的规范让大家明白不是所有学生都可以随便评奖评优，这个评选过程需要达到学校对优秀学生的各项要求标准，对于旷课、考试作弊、不尊重老师的学生则不符合评奖评优的条件。而对于大部分学生来说，为了达到这个标准而严格要求自己的过程，实际上就是一个自我教育的过程。为了使制度文化的育人特征更加明显，制度的构建过程需要融入立德树人等育人内涵。可以说制度育人的最高境界是将有目的、有计划、有组织的制度化过程，转化为学校全体成员的日常生活方式，将各项规章制度内化为指导人们学习生活的价值观念。

3. 深化精神文化育人

精神文化是一个学校本质特征、精神面貌的集中反映，是师生员工的共同理想、共同信念、共同意志、职业理想、职业行为的综合体现，它可以浸透到校园文化的行为主体和各种文化载体中。一所学校要有自己的文化信仰，要有适应外部环境变化的能力，更要有开拓创新的校园精神。优良的高职院校精神文化体现在良好的校风、浓厚的学术氛围中及师生之间、学生之间和谐的人际关系上，会对高职院校育人产生广泛而深远的影响。

发挥高职院校精神文化育人功能，首先要通过良好的校风来育人。通过校风师生可以感受到一所高职院校的文化风采。在校风的培育中，领导要做到勤勤恳恳、踏踏实实，教师循循善诱、言传身教，学生要勤奋好学、善于探索，使整个学校教学秩序井然，活动丰富多彩。其次，要通过良好的文化氛围来育人。努力把校园建设成为大学生立志成才、报效祖国的精神家园和勇于担当文化强国建设使命人才的摇篮。高职院校要着力培养大学生对中华民族文化有科学的认知能力，不断提升大学生对社会主义文化秉持"与时俱进"的创造能力，要使他们感觉到自己在学校文化育人中的主体地位，促使他们在内心真正认同校园文化。最后，要通过和谐的人际关系来育人。身在校园中就不可避免地要与人打交道，课堂上要与老师相处、宿舍内要与舍友交流、工作中要与领导沟通。校园内良好的人际关系，可以让成员在一个轻松自在的环境中与他人交流协作，加深感情，提高效率，产生事半功倍的育人效果。因此要努力营造一个充满真挚、和谐、平等、友谊、令人轻松自然、心情舒畅的人际关系环境，使教师和学生相处亲如朋友，同学之间的竞争光明正大，不伤感情。

4. 强化活动文化育人

活动文化，是校园文化的动态层面，是校园文化在师生身上的具体体现，是师生员工的行为习惯和生活方式。各类群体社团的活动文化，是校园文化及其相互作用、相互影响所形成的一种关系氛围。高职院校活动文化是学校的精神风貌和人际关系等的动态体现，这种在高职院校的日常生活中可以直接感受到的文化形态，也是学校价值观的反映，对于高职院校文化的育人工作起着重要作用，对于培养学生的高尚情操、挖掘个人潜能、提高综合素质起着至关重要的作用。

高职院校文化育人工作的一种重要形式就是以活动为载体，通过组织开展各种文化活动，寓教于乐。20 世纪五六十年代的学雷锋、学焦裕禄等活动，在提高人们的思想道德素质方面，曾产生过广泛而深远的影响。日常活动中的"寓教于乐"，即通过各种文体活动开展教育，可以产生很好的效果。过去的活动主要是经验型的，对活动方式的运用主要局限于文体活动及学习英雄模范人物的活动。随着高职院校活动文化建设发展，校园开展的活动日趋增多，内容更加丰富，形式也更加多样化。

新时期高职院校文化育人工作对活动载体的运用，既继承了 20 世纪五六十年代思想政治教育的传统，又有了新发展。除了上述活动形式外，更创造了大量的新活动形式，如"文明寝室"活动、"讲文明、树新风"活动等，美化环境的同时也提高了大学生的思想道德素质。学习上，经常开展读书报告会、辩论会等，促进了同学之间的交流，也提高了他们的学习积极性。实践活动上，高职院校尽力为学生提供锻炼的平台，开展支教活动、志愿者服务活动等，这不仅强化了大学生的责任意识和奉献精神，更培育了他们的人生价值观。高职院校组织党团活动、思想政治讲座等，可以激发学生的爱国主义精神，提升他们的政治信仰。总之，搞好活动文化育人工作，要充分考虑广大师生的需求，要从师生中来再到师生中去，把对师生的服务与学校的培养目标始终结合在一起，全面落实以人为本的理念，促进人的全面发展。

5. 规范网络文化育人

在当今社会，信息传播的手段呈现出现代化和大众化的特征，学生获得知识的手段已不再局限于课堂和书本上，而是来自网络的方方面面。学校可以采取多种形式把课堂延伸到网络，并及时把社会的主流思想引入网络教育。

网络文化育人中，要做到科学性与价值性相统一。要保证网络文化育人的社会主义性质，弘扬主旋律，传播先进文化，倡导科学精神。要做到以马列主义、毛泽东思想和中国特色社会主义理论体系为指导，以博大精深的中华文化为源泉，结合学校网络文化受众群的思想行为特点和网络文化教育规律，有针对性地开展教育，避免主观性与随意性。网络文化育人要在尊重个性差异的基础上，坚持用社会主义文明精神，引导人们的思想观念既合规律又合目的地发展，培养良好的网络信息素养，不断提高育人水平。同时还要加强校园网络文化的管理工作，严格制定高职院校网络行为准则，要让大学生认识到网络世界虽是自由的，但也有法可依。

网络文化育人中，要不断拓展新平台。结合网络覆盖面广、传播快、图文并茂等优势，运用即时通信软件、博客、微博、论坛等载体，借助文艺网站、视频课件、电子期刊等进行知识传播和理论宣讲，丰富网络文化育人方式，增强感染力和吸引力，扩大学校文化育人的辐射面。教育者充分利用手机这一网络育人新平台，经常关注学生的博客与微博，这样可以了解到学生最新动态，拉近与学生的距离；也可以通过 QQ 群、微信、短信方式进行交流沟通、发送学校的相关通知，在传统节假日给学生发信息提醒。这样既可以提高教育者的工作效率，又使学生在宽松的状态下受到教育。通过校园内的摄影、摄像等科技手段，营造学校上下一起进行文化互动的氛围。大学生必须正确认识网络文化，在对的时间里适当使用网络，不要沉溺于网络不能自拔。学生是我国网民的主体，他们是新技术、新思想的前沿群体，因此如何运用校园网络文化对在校大学生进行教育，显得尤为重要。

（三）优化高职院校文化育人的制度

1. 完善管理制度

高等教育管理制度主要包括高等教育领导制度、办学制度、教学制度、高等学校内部管理制度等。本部分着重从内部管理制度的角度来解释优化文化育人的对策，应该从以下几个方面进行改革。

第一，进一步完善党委领导下的校长负责制。准确界定"领导"和"负责"的含义，明确办学的政治方向和学校重大问题由党委集体决策。高职院校文化育人的责任重大，而且影响学校文化的内外因素越来越复杂，单靠个人或少数人的知识、能力和精力难以完成，实行党委领导下的校长负责制有利于形成强大的合力，保障高职院校科学决策并落实。

第二，加强教授治学、民主管理。就学校内部管理制度而言，要加强学术委员会的建设，设立以教授为主体的各类委员会，充分发挥教授在治学中的作用。通过实行民主管理，发挥以教授为主体的教师在学校治学中的作用，有利于形成自由民主的学术氛围，而学术氛围作为精神层面的高职院校文化，在育人中发挥着重要作用。

第三，扩大学校办学自主权。学校可以在适应社会发展的基础上，根据自己的实际情况来进行教育教学。

2. 优化保障制度

俗话说，没有规矩不成方圆。制度建设是高职院校文化育人工作的重要保障。通过建章立制，把正确的政治方向和舆论导向体现在校园文化育人的各个方面和整个过程，进一步加强对校园舆论、网络、刊物、课堂、社团等监督，落实到人，坚持守土有责、守土有方、守土有效。近年来，中央出台了多份关于精神建设方面的文件，高职院校也修订了一系列与文化育人相关的规章制度，其中包括校园文化建设、师德建设、学生管理等方面的规章制度。当然，光有规章制度而没有执行规章制度的组织机构，学校正常的工作秩序同样无法保证。因此，在健全各种规章制度的基础上，还需完善组织机构，才能统一思想，统一行动，从而保障学校文化教育活动的有效开展。

高职院校文化育人贵在坚持，常抓不懈。为了防止学校文化育人出现"运动来时一阵风，运动过后了无踪"的不良现象，高职院校文化育人应作为高职院校教育的必修课，落实到日常的工作、学习和生活中。高职院校必须开展多种形式的校园文化育人评比活动。通过检查评比，学校对文化教育做得好的单位和个人，应给予表彰和奖励，以进一步调动其积极性。通过检查评比学校也可以及时发现文化育人过程中存在的问题和不足，有助于及时采取可行的措施加以改进，推动学校文化育人沿着正确的方向向深度和广度发展。

高职院校文化育人工作是一项复杂的工程，需要投入一定的人、物、财力来完成，否则其效果会大受影响。例如，学校文化育人的物质载体，图书馆、体育馆的建设，生活设施的维修，科研设备的购买等，都需要大量的经费投入。又如高职院校要举办一些文体活动，音响设备、服装的租赁也需要资金。学校的领导要从培养社会主义事业的建设者和接班人的高度，把学校文化育人工作纳入整体办学规划之中，保障经费的投入；同时，可以通过争取社会企业赞助、校友赞助等办法来广开门路，扩大资金投入渠道。

3. 加强协作制度

协作是指为了实现共同的目标，部门与部门之间、个人与个人之间的协调与配合。协作应该是多方面的、广泛的，一般包括资源、技术、配合、信息方面的协作。

（1）校内协作。高职院校文化育人是一项复杂的系统工程，涉及学校的各个方面。它不是学校内部哪一个或者几个部门单独能完成的，更不能仅凭学生管理和思想教育部门的努力就能做好的。任何孤军奋战、单项冒进的做法，都不利于学校文化育人整体作用的发挥。因此，高职院校文化育人必须在学校党委、行政的统一领导下，动员学校各方面的力量，党政、工、学、团齐抓共管，齐心协力一同做好。

文化的主要功能在于"育人"，而高职院校文化的育人功能是将学校教育视野从智力领域拓展到非智力领域，致力于学生德智体美劳的全面发展，这个过程就需要学校的各职能部门相互协作来完成。课堂文化对学生的影响需要老师的监督，活动文化对学生的锻炼需要校团委的组织，宿舍文化对学生的熏陶需要后勤部门的参与。为了实现学校的教育目标，各个部门或者个人要有全局观念，主动搞好协作配合。领导多下基层去关注学生的生活、老师多进宿舍去了解学生的心声、宿管员多与辅导员沟通了解学生信息等。

（2）校际协作。校际协作，是通过学校联动开展教研活动，将原本各自为营的教研活动，连成一个整体，使教学研究有了同伴，有了参照体系的一种协作。高职院校开展校际协作，可以实现各校的文化资源共享、优势互补，有利于相互分享文化育人经验，拓展文化育人思路和视野，培养具有健全人格的学生。校际协作也可以拉近各学校之间的距离，增强教师之间的交往，实现高等教育的和谐发展。

（3）校企协作。高等教育制度改革的一条新途径就是企业与学校协作办学，企业参与学校办学。校企协作可以说是我国职业教育在对传统教育的反思过后不断探索出的一种新教育模式。职业教育强调对学生技能的培养，提倡在贯彻国家素质教育模式过程中，对学生进行"七分实践，三分理论"的教学。理论课的传授可以通过传统的课堂教学来完成，而实践的部分单靠有实践经验的老师讲述实践过程难免有些纸上谈兵的遗憾，因此实践锻炼必须依靠学生去社会上亲自经历。

企业通过对学校硬件建设的投入，对学校的校舍、文化娱乐设施、人文景观进行建设和改造，优化了校园环境.改善了办学条件，丰富了校园建设的文化内涵，提高学校建设文化品位，为师生员工提供更加优雅舒适的校园环境。可以说，校企协作办学对校园文化育人起到了一定的推进作用。

（四）打造高职院校文化育人的品牌

为了提升学生的综合素质，高职院校要逐步探索出品牌化的素质教育发展模式，深化校园文化内涵，打造文化育人品牌。有学者认为，在高职院校文化的建设中，要树立品牌育人观念。由此可见，打造文化育人品牌，已经成为新时期高职院校提升文化育人效果的有效途径。

1. 树立品牌意识

高职院校文化育人品牌能够将一所学校的特色和优势体现出来，是大学实力的一种标志，又是一种无形的、价值极高的资产。一旦形成，与大学相关的人与事无不被打上品牌的烙印。清华大学校训是"自强不息，厚德载物"，清华的师生为了成为有作为的人积极向上、奋发图强，努力使自己的胸怀宽广、品德高尚。在新时期、新阶段，校园文化呈现多元化特点，为了打造出优秀、卓越的文化育人品牌，学校需要在继承校园传统文化的基础上，用心提取、总结、凝练自身的文化优势，再通过定位、宣传与推广等途径，使其产生较强的影响力，号召更多的人积极参与文化育人品牌建设。

要打造一流的高职院校文化育人品牌，领导人的意识很关键。这种品牌建设意识不仅是学校的办学理念与事业追求，更是一种人文精神的体现。随着大学竞争的加剧，品牌意识在大学日渐觉醒起来，文化作为大学最为突出的亮点，其品牌的建设也应成为各大学着力打造的重中之重。校园文化品牌是很难用具体的标准来说明的，一般将"特色""一流""顶尖"等看作是品牌的代名词。像企业一样，高职院校也可将创世界一流当作自己品牌构建的目标。在我国，大学激烈竞争的态势日趋明显，几乎没有哪一所大学不想打造出响当当的品牌文化，成为国内一流、世界一流大学。就算是已经有了自己的校园文化品牌的大学，也在为进一步传播品牌和维护品牌而作不懈的努力。

2. 找准品牌定位

定位在打造高职院校文化育人品牌过程中起着关键作用，它通常指一所学校对自己办学类型、办学层次、办学特色的目标性要求。这个过程需要结合学校切身实际和未来前景，以在校师生的发展为前提，考虑时代特征和同类学校的现状。定位过程要避免好高骛远，要实事求是。

一是考察，这是一所高职院校形成自己文化育人品牌的前提。考察过程中，学校需要考虑社会的发展形势，结合自身的实际情况，遵循学校的办学客观条件和教育的客观规律，根据自己学校的优势，从学校的历史传统来概括出校园文化特色。学校文化品牌的定位也需要借鉴其他兄弟院校的发展经验，分析自己的发展定位、品牌的受众构成及其特点、品牌的优势与劣势、发展的机遇与挑战，在教育市场中找准自己的位置，建立自己的核心竞争力。

二是规划，这是一所高职院校形成自己文化育人品牌的关键。进行考察之后，下一步就是制订相应的发展规划。学校文化育人品牌的发展规划要同学校的整体发展步调一致，突出学科专业优势，借助师资队伍力量，在校园文化建设中形成品牌。为了扩大品牌的受众群，学校在品牌培育过程中，要加强同社会、家庭的联系。

三是深入发展，这是高职院校形成自己文化育人品牌的重点。打造学校文化育人的品牌时，要继承过去优良的传统，要不断地根据社会发展和学校自身的条件，立足于培养学生的创新精神和实践能力，创造出新的特色。

有些历史悠久的大学有综合优势，可以深入挖掘学校的历史文化内涵，利用历史遗留下来的名胜古迹、重大历史事件等，从教育的角度，精心设计一些富有文化特征的人文景观，形成自己的文化特色，使之在潜移默化中转化为广大师生特有的内在气质。而新建高职院校虽然没有那么悠久的历史，但它所在地区一定有较为丰富的文化历史资源，学校可以将地域文化融入文化育人中，从而形成自己的办学特色。

3. 进行品牌传播

校园文化品牌的传播是一个让在校师生接受文化洗礼的过程，这个过程可以提高高职院校校园文化品牌的知名度、提升品牌竞争力，也可以扩大品牌的受众群。

（1）内部传播。要想将文化品牌内化为广大师生的价值观念，光靠口号喊出来或者用书写的方式保存下来还不够。高职院校文化育人品牌内部传播的受众群主要是在校师生，宣传的主阵地也就是校园，要借助课堂、典礼、会议等载体将高职院校文化的品牌定位、办学宗旨、办学理念等传播给内部的学生和老师，增加内部受众群体的认同感，加强师生的参与意识，激发内部群体对品牌的归属感。广大师生在接受了学校文化品牌的熏陶之后会形成自己的认识，继而通过思想内部的矛盾运动，进行评价与选择，调整认知结构，在丰富多彩的文化活动中通过自己的行动表现出对学校办学理念和精神风貌的认同，形成整体的品牌文化氛围。为使品牌意义的延续性更强，已经形成文化特色的高职院校应该将精神层面的文化物化为形象标识。

（2）外部传播。在高等教育大众化阶段，为了提高竞争力，有的学校表现出了一定程度的市场化特性，因此有必要适当地运用一些合理的传播方式来提高高职院校文化的品牌知名度、吸引生源、提高办学竞争力。高职院校文化育人的外部受众主要是学生家长、社会大众。

学校文化育人品牌要扩大受众群，必须要重视外部传播，要借助一些现代传媒载体，例如电视、报纸、杂志、广告等，尤其要凸显网络载体的作用，要搞好学校网络建设。学校的网站，具有一定的公信力和权威，网站上会有办学的政策法规、学科建设、校园风采、学历认证等方面的信息，可以为学校文化品牌做一个很好的传播。为了让社会看到学校的成绩，让公众更加了解高职院校，也为了提高品牌知名度，获得更多的认可和支持，学校需要借助一定的活动载体来传播文化信息，如校庆、学术交流会、总结表彰大会等。

4. 强化品牌推广

高职院校文化品牌的推广指的是在人们已经对校园文化品牌认可的基础上，将这种认可心理转移到其他文化教育上，增加他们对学校文化的接受性。众所周知，产品都有一个从上市、大量销售到淘汰的生命周期。而学校文化育人也需要根据国情的变化适时做出调整，不同的时期有不同的育人内容。因此高职院校在办学伊始，就应为文化育人的品牌推广预留足够空间，对未来的发展作长远的规划。

（1）文化品牌形成之前。在高职院校对文化品牌进行定位时，要考虑品牌文化育人的内涵和影响范围，使文化一次涵盖现在与未来，给品牌推广留下足够的发展空间。随着时代的变迁，新的教育环境的变化，高职院校要重新界定育人范围和性质。商品经济的发展，使大学生认识到，只有掌握真才实学，才能成为有用之才。因此，学校要考虑到文化育人的时代性，科学界定影响范围。

（2）文化品牌形成之后。高职院校文化育人的品牌要实现科学发展，必须要重视创新，这也是学校科学发展的内在要求。文化育人是一个不断传承、发展与创新的过程，校园文化品牌的内涵体现在不断创新的内容与形式上。为了保持文化育人品牌的先进性，亮出高职院校特色，打造出精品文化，高职院校需要不断开拓学校文化建设思路，其育人内容要贴近师生需求、贴近生活、贴近校园，育人形式可以借助各种载体实现多样化。只有这样才能不断凝练出个性化校园文化品牌，彰显其生命力，才能产生潜移默化的育人效果。而趋同化的校园文化活动看似热闹，也仅仅是让师生看了看热闹，实质上无法满足他们的精神文化需求。因此，校园文化品牌建设尤其要凸显个性。

（五）拓宽高职院校文化育人途径

1. 发挥学生社团文化育人功能

学生社团是由高职院校的学生出于自愿而自发组成的团体，是在不影响学习的前提下，为了实现团体成员的共同目标，按照社团章程开展活动的非营利性组织。社团文化区别于其他校园文化，它不像课堂文化那么严肃，又不像制度文化那样具有强制性，它具有自主性、自愿性、创造性、包容性等特点。社团文化是高职院校学生特有的文化，他们将自己所接触到的所有文化层面通过自己的领悟，创造出形式多样且具有高职院校特色的文化。社团成员可以是来自不同年级、不同专业的同学，他们为了共同的兴趣而团结在一起，参加社团活动不仅可以使学习气氛更加活跃，更能提高学生自我管理的能力，有利于其身心健康发展。

社团文化以其独特的优势吸引着越来越多大学生的参与。近些年来，社团的类型也日益丰富，活动不再局限于讨论学术问题或者举行歌咏比赛。例如，专业技术类的社团，主要是组织学生参加一些学术研究性质的竞赛、讲座、读书报告会等活动，这些活动以专业知识为前提，可以提高他们的专业知识和操作能力。还有一些同学出于对文学、艺术等的爱好，组织参与文学社、棋艺社、摄影社、美工社、歌咏队、话剧团等文学艺术类社团。这些社团活动极大地丰富了大学生的课外文化生活，使有着较高艺术天赋的大学生有了一个展示自我才华的舞台。体育健身类的社团有篮球社、足球队等，参加这类社团的学生有的是天生喜好体育活动，有的是为了增强体魄，锻炼身体。不管是出于哪种目的，这类社团活动对普及我国的体育教育和提高大学生身体素质有极大帮助。

在具体的实践中，学生社团应根据教育环境的变化来调整社团活动的主题；一旦确定活动目标，就要坚定不移地为实现目标努力；在开展活动的过程中，要不断积累经验，开拓创新，时刻围绕育人宗旨。同时，高职院校应加强对学生社团的管理，根据一定的考核制度，对学校各类社团进行评选，对于发展较好的社团予以奖励。新学期开始之际，在社团进行纳新活动时，学校也应给予各个方面的支持。

2. 发挥仪式文化育人功能

仪式是一种依托一定文化传统的活动，这些活动在我们日常生活中到处可见，具有象征性、规范性、表演性、程序性和规律性的特点。常见的高职院校仪式有校庆、升旗仪式、颁奖仪式、入团入党宣誓仪式、各种典礼等，这些活动往往通过装饰、庆祝、恭贺等操作将传统文化与现代文化结合起来，这些活动背后蕴藏着深刻的教育内涵。

学校仪式文化通过特有的情境教育，以静态到动态、抽象到具体的方式让参与到活动中的师生亲临其境、亲自体验、亲身感受，从而引起思想上的共鸣，进而受到教育。仪式本身也是一种回忆历史的方式，它具有讲述历史的功能，其本身蕴涵了丰富的思想政治教育内容。例如升旗仪式，蕴含的是集体主义、爱国主义和民族意识教育，是寓教于行的有效方式。在重要的节日或活动中，升国旗、奏国歌不仅显示了中华民族的巨大力量，更可以增强师生的民族意识和爱国主义情感，激发民族自豪感。当下的教育环境发生了巨大变化，教育的内容也日渐丰富，在学校仪式文化的育人过程中，要根据教育的需要来选择仪式方式。

学校的管理者、教师、职工、学生都是学校仪式活动的参与者，在不同的仪式活动中扮演着不同的角色，发挥着不同的作用。仪式过程要尊重他们的主体地位，在推进仪式教育时注意发挥学生党员及干部的带头作用和先锋模范作用，避免灌输理论让他们产生反感，以达到提高他们的组织、协调、创造等综合素质能力的目的。随着教育体制的转型以及新时期大学生的心理、思想新特点的出现，学校仪式文化要打破常规，追求综合形式并存的仪式文化形态，避免仪式教育功能衰退的问题发生。为了吸引更多大学生对学校仪式文化的注意力，高职院校可以通过丰富多彩的仪式活动让他们在仪式中深刻地感受到特定精神文化，让个体进入自我价值观念与社会价值观念的对照、反思、探索、重构中，让学生在主动的实践体验中获得特定的精神文化营养。

3. 发挥图书馆文化育人功能

图书馆肩负着为高职院校教学、科研提供信息的重大责任，同时具有重要的育人功能。随着互联网的迅速发展，学校图书馆馆藏不再局限于纸质版的图书期刊资料，还包括网上资源以及书刊数据库等资源。图书馆文化是以大学文化为背景，以图书文化为基础，在图书管理和提供服务的过程中所形成的特殊的思想观念、行为方式、价值准则、道德规范、知识体系等的总和。图书馆文化育人主要是通过服务的途径完成，图书期刊资料本来属于静态的教育资源，借助图书馆载体可以将这些静态的知识和信息传递给人们，进而转化为现实的生产力，提高人类的智慧和技能。图书馆除了服务育人，还以高标准进行自身文化建设并直接参与到整个学校的教育过程。

图书馆馆员有着双重身份，即图书馆管理员和教育工作者，在为读者提供服务的交往过程中，其言行举止可能会对读者产生影响，由此图书馆员需要坚持"服务育人"的理念，做到读者第一，服务至上。要以提供优质高效的信息服务作为图书馆工作的出发点和归宿，积极传播科学文化知识，向读者传递健康向上的价值观。图书馆馆员可以充分利用图书馆内部的各种载体进行育人工作，例如在每个楼层安装宣传橱窗，定期向读者推荐有价值的图书，为了吸引读者的注意力，宣传橱窗可以配上彩色插图和文字介绍等。有的图书馆设有电梯，可在电梯口装数字电视，可以利用这些视听设备循环播放一些科普类短片、百家讲坛、优秀影视作品等。有的同学可能平时对这些内容不感兴趣，但在乘坐电梯的间歇可能会记下这些内容，久而久之这些内容也会不断开阔他们的视野，提升其人文素养。还可以利用图书馆的场地、资源举办书画展、读书节等活动来陶冶学生情操。

二、克服高职院校人文素质教育功利化倾向

要保证高职院校人文素质教育的健康发展，确保人文素质教育取得实效，一方面必须从思想上高度重视人文素质教育，提高对学校人文素质教育重要性和作用的认识；另一方面，必须克服人文素质教育过分功利化的倾向，认真研究和把握学校人文素质教育的规律，真正着眼于促进学生的全面发展，扎扎实实推进学校人文素质教育。针对高职院校人文素质教育功利化的种种表现，可以从以下几个方面改进。

（一）更新观念，以人为本

人文精神，说到底是以人为本的精神。人文素质教育实质上是以学生为本的教育。这其中包含两层含义。第一层含义是在学校人才培养工作中要尊重学生、相信学生、关心学生，把满足学生的多方面的兴趣和要求作为教育工作的出发

点，把最大限度地实现人的价值和自由作为教育的目的，学校的一切工作都要为学生的全面发展服务，人文素质教育也要围绕学生的全面发展来展开。这是高职院校人文素质教育的根本宗旨，任何人文素质教育活动都不能违背这个宗旨。第二层含义则是学校人文素质教育必须着眼于帮助学生牢固树立以人为本的思想，教会学生学会尊重人、相信人、关心人、帮助人，正确处理自身与他人、人与社会、人与自然等多种关系，把学生由自然人培养成和谐的职业人，使人性得到弘扬，实现人与社会及自然的和谐、持续发展。这是高职院校人文素质教育的根本任务。

（二）系统规划，全面推进

如前所述，人文素质教育是一个系统工程。从时间上讲，它必须贯穿学校办学的全过程，并且不断积累人文素质教育资源和经验；要贯穿学生培养的全过程，从学生一进校到学生毕业都必须持续不断地进行人文素质教育。从空间上讲，人文素质教育必须落实到学校的各个角落，无论是教学场所、生活场所，还是休闲娱乐场所，都必须融入人文素质教育的元素，营造良好的人文氛围。

从内容上讲，人文素质教育必须贯穿到学校教学、科研、管理、服务各项工作中，实现人文素质教育与专业教育相融合，与学校管理、服务相融合。因此，要防止人文素质教育的功利化，避免短期行为，必须按照长期与近期相结合、整体与具体相结合的原则，对高职院校人文素质教育做出全面、系统的规划。学校应成立专门的组织或指定某个部门来统一协调人文素质教育的实施，使之有规划、有组织、有安排、有落实、有检查、有考核、有奖惩，要建立起长效的工作机制，不能仅让人文素质教育停留在某个方面、某个环节，更不能急功近利。只有做到系统规划、全面推进，才能达到人文素质教育的目的。比如某职业院校提出《文化素质教育实施方案》，就从指导思想、教育目标、体系构建、保障措施等方面对学院人文素质教育进行了全面系统的规划。这一方案具有如下特点：一是高职教育特色鲜明。在指导思想中强调要"以培养学生良好的人文精神和职业素养为核心"，整个规划都围绕这个核心来展开，在校园文化活动的规划中也强调要紧紧围绕培养学生良好的职业素养和人文修养来展开，具体内容包括各种大型校园文化活动、学生文明养成教育、职业素质训导、学生社团建设、心理健康教育、校园人文环境等六大系列，目标是要构建一套有特色的人文素质教育体系。二是内容全面。在学校人文素质教育体系的构建中，既有人文素质教育课程体系的整合与规范，又有人文素质教育大讲堂的规划和具体计划；既有校园文化活动的系统规划，又有社会实践活动系列的具体安排；既有对人文素质教育质量的管理，又有对人文素质教育效果的评估。三是真正贯彻以学生为本的思想。方案中提出要按照体系模块化、选课指导化、课程规范化、任课资格化的原则对学校人文素质教育课程体系进行整合和规划，既强调学生的自主性，给学生很大的自由选择的余地，又注意加强对学生选课的指导；尤其注重课程规范和任课教师资格的审查，确保教学质量。四是切合实际，保障有力。规划既有长期目标，又有近期目标，注意分步实施，分类指导；既有领导机构，又抓队伍建设；既有经费和条件保障，又有相关政策的支持，还有人文素质教育学术研究和交流的支撑，确保人文素质教育能够落到实处。

（三）专业渗透，管理融入

人文素质教育与专业教育既不是互相排斥、互相对立的，也不是互不相干的"两张皮"，而是互相补充、互相渗透的。人文教育必须以专业教育为基础，专业教育必须以人文教育为导向，以人文教育的精神来支撑。因此，高职院校除开设专门的人文素质教育课程外，必须重点研究如何将人文素质教育渗透到专业教育中，通过专业教学内容和教师职业精神的融入，实现专业教育与人文素质教育的有机结合。著名教育学家潘懋元教授甚至提出，高职院校成立年限较短，技能培训任务重，应该少开或不开专门的通识教育课程，将人文素质教育渗透于课程教学或技能实训中。高职院校应在专业教学中渗入人文素质教育，如通过实践教学中的合作与分工，培养学生团结协作的精神；通过综合性、创新性的训练项目，让学生完成有一定难度和挑战性的训练项目，培养他们刻苦耐劳、一丝不苟、不怕困难的勇气和毅力；通过各种流程的训练及开设安全与质量教育的课程或讲座，培养学生的安全和质量意识；通过统一着装、挂牌上岗、八小时工作制"打卡考勤"、班前、班后集合讲训、清扫现场、整理整顿等形式，让学生受到现代企业管理与规范的严格训练；通过严格的企业"顶岗"实习，强化学生职业素质的养成教育等。具体到每一个实训项目或一门实训课程，也渗入人文素质教育的内容，如国际贸易专业综合业务实训，把英语与交际能力素养、跨文化交际技能素养、团队合作素养、职业道德素养、现代化工具使用素养、学习创新素养等职业素养方面的要求融入实训教学中；会计专业综合业务实训把遵纪守法、诚实守信、廉洁自律、真实可靠、客观公正、保守秘密、爱岗敬业、坚持原则作为会计人员职业素养的要求融入会计综合业务实训过程中。

同时，由于学生在学校的活动不仅限于课堂教学，更多的时间是在课堂以外，如与学校的管理、服务人员接触等，因此，学校在日常管理与服务工作中也必须融入人文素质教育的内容。学校通过严格高效的管理、优质到位的服务和管理服务人员良好的人文素养去影响学生，真正实现全员育人、全过程育人、全方位育人。

（四）实践体验，文化熏陶

社会实践是大学生熏陶思想感情、充实精神生活、提高道德境界、增长知识才干、提高综合素质的重要途径。人文素质教育的内容只有经过社会实践的亲身体验，学生才能够真正理解和接受，真正入脑入心，内化为人文素质；只有经过社会实践的锤炼，才能真正提升大学生的道德情操和精神境界。如利用寒暑假开展以"三下乡""四进社区""走进革命老区接受革命传统教育"为主要内容的假期考察调研等社会实践活动；组织学生党员、团员到街道、社区挂职锻炼，并带动大学生参加服务街道社区活动，与街道共建大学生社会实践基地、共建街道青年中心、共建社区学院，开创"区校共建"社会实践模式。学生通过这些社会实践的体验和锤炼，精神境界和综合素质都得到很大的提高，学校也达到了良好的育人效果。

校园文化对大学生思想观念、价值取向和行为方式有着潜移默化的影响，良好的校园文化往往能够起到润物细无声的作用，是学校人文素质教育的重要载体。因此，学校人文素质教育必须高度重视校园文化的熏陶，强化社会实践和校园文化的育人作用。学校可以精心设计和组织开展内容丰富、形式新颖、吸引力强的思想政治、学术科技、文娱体育等校园文化活动，寓教于乐，把法制纪律教育、诚信教育、感恩教育、传统文化教育和意志磨炼等渗透到校园文化活动之中。如安排各类展览、"名人进校园"、文艺专场演出等高雅文化进校园活动，给学校校园文化建设增添活力；组织科技文化节、网络文化节、宿舍文化节、外语文化节、社团文化节等校园文化品牌活动，营造昂扬向上的校园文化氛围，成为学生自我教育、自我管理、自我服务的重要平台；建立融思想性、知识性、趣味性、服务性于一体的校园学生网站，为师生交流互动打造了新的平台，使网络成为校园文化建设的新阵地和文化育人的新载体。

（五）言传身教，人格感化

师德师风的好坏，直接影响到学生的成长，因此，加强人文素质教育关键在于提高教师的人文素养。学校要引导广大教师深刻认识人文素质教育的重要意义，认识在专业教学和技能训练中渗透人文教育是学校人文素质教育的重要途径，提高其参与人文素质教育的主动性；要加强对教师职业人文素质的培养，扩大知识面，培养教师高度的责任感，以"学而不厌，诲人不倦"的态度去教育、影响学生，为学生树立良好的榜样；要把师德师风、教书育人情况、教师的人文素养纳入教师素质考核内容，作为教师聘任的重要条件，努力建设一支结构合理的高素质教师队伍。

三、积极拓展高职院校文化育人的实践路径

高职教育作为高等教育的重要组成部分，其培养目标是培养生产、建设、管理、服务第一线需要的高素质技能型人才。构建高职院校特色文化育人工作框架对于推进高等教育改革、发展，实现高职人才培养目标具有深远的意义。

（一）高职院校必须增强文化自信

文化意识的自我觉醒是学校文化育人的第一步。如何从文化自觉上升到文化自信，实现文化育人的动力源泉，显得至关重要。

我们所讲的文化自信，指的是学校要正确对待自身文化，关键是不忘本来，吸收丰富文化，着眼将来。保持这样的文化自信，要求学校理性审视历史传统文化、正确认识自身文化、积极借鉴和包容其他学校优势特色及各国文化成果。

1. 构建中国特色高职院校文化

中国的教育历史源远流长，从古代的私塾教育到现今发展为全球最大的教育规模。这其中，高等教育的巨大成就是有目共睹的，但提高高等教育质量，赶超世界领先水平的高等教育仍有很长的路要走。高职教育虽然发展历程短，但其发展态势却令人瞩目。所以，高职院校要增强自信，坚持文化传承，实现文化创新，彰显中国特色文化魅力。

在增强学校文化自信时，消除自卑心理是树立自信的第一步。在高职教育的发展中，无论是国内的本科教育还是国外的职业教育，都在"挤压"着中国高职教育，使中国高职教育在文化领域争夺话语权时都显得不够自信。其实，文化多元化是当今经济全球化发展的必然趋势，各种不同的教育类型都有其赖以生存的基础和独特的历史文化，不同文化之间有差异但无高低贵贱之分。

鉴于此，高职院校首先应该直面国内、国际各种不同教育类型文化的挑战，了解高职教育历史文化传统，理性审视、科学对待自身文化，既不夜郎自大，也不故步自封，摒弃糟粕，保留精华，不断学习吸收，创造中国特色文化成果，树

立信心。同时，高职院校应该扬长避短，深化改革人才培养模式，发挥自身特色，通过培养社会需要的技能型人才推动社会经济发展，不断扩大学校文化影响力，实现高职教育的社会价值；通过传承中国千年文化成果，创新高职教育，形成中国特色、中国气派、中国风格的文化育人模式，扩大中国高职教育影响力。

2. 关注中外职业教育文化多样性

文化多样性是人类社会的基本特征，也是人类文明进步的重要动力。中国大学文化有厚实的传统文化积淀，而且通过政策支持、人才支持所构建的中国文化品牌是其他国家难以达到的。但随着经济全球化的发展，各种文化的相互交融不可避免，任何一个组织或群体都不能游离于这一环境之外，高职院校文化也不例外。高职院校在正确认识中国特色职业教育文化的同时，必须关注外来经验。高职院校要借鉴诸如美国、德国、日本的先进的人才培养模式，因此，其应该开放交流，积极走出去学习、参观、访学来感受他国文化，取其精华，去其糟粕，为其所用。对外来文化的包容、借鉴、吸收的态度，本身就是对本国高校文化自信的表现。同时，在此基础上，学校应该进行文化的创新再造，站在世界职业教育的高起点上，洞察中国职业教育的缺陷和不足，结合自身实际，创新学校文化，不断增强中国职业教育的免疫力和发展力。

3. 推动高职教育国际化

教育国际化是经济全球化的必然趋势。从本质上讲，高职教育国际化就是依照国际标准、国际规则开展高职教育。第一，高职院校要以国际视野定位高职教育，在各方面与国际接轨，如培养目标、教育理念、评价体系、教育手段、教育模式等，以国际理念培养具有综合素质的人才，加快中国高职教育国际化；第二，把国际标准引进专业教育中，用国际眼光和国际思维去看待问题，改变传统的人才培养模式，借鉴国外先进经验，制订符合中国特色的"国际化"人才培养方案；第三，在送高职学生去国外高职院校学习、交流的同时，不断拓展交流渠道。同时，可利用自身优势，吸引国外学生转向我国国内学习，从"输入"

转向"输出",多种文化相互借鉴、融合,以促进中国特色高职教育的发展,提高中国高职教育在国际上的话语权,增强高职教育信心。

(二) 高职院校必须提升文化自觉

近年来,高职院校如雨后春笋般迅猛发展,若要实现学校内涵式发展,必须坚持科学发展观,以反思促发展,增强文化自觉,完善人才培养模式,重视文化育人。

对于文化自觉,费孝通曾说:"文化自觉是一个艰巨的过程,只有在认识自己的文化,理解并接触到多种文化的基础上,才有条件在这个正在形成的多元文化世界里确立自己的位置,然后经过自主的适应,和其他文化一起,取长补短,共同建立起一个有共同认可的基本秩序和一套与多种文化都能和平共处、各抒所长、联手发展的共处守则。"对于高职教育来说,文化自觉主要是指学校对于自身文化历史要有明确把握,了解其特点、性质、作用、规律,及其现阶段存在的问题,以担当高职教育文化发展的历史责任。

当前的高职院校文化还存在着很多不容忽视的问题,比如重技术轻人文,重物质轻精神,这些都影响着学校育人目标的实现。因而对高职院校而言,首要任务是增强文化自觉,使校园人认识到文化育人的重要性,正确定位自身,促进高职教育理性发展。

1. 高职院校学生方面

学生要从心理上认同自身所在高职院校的文化。不同于大学的本科生,学生在进入高职院校后,或多或少都有一些自卑,无法认同高职院校,向往本科院校,甚至对高职院校的校园文化活动有些排斥,不愿深入、细致地去了解高职院校文化,这些都不同程度地影响了高职院校人才的培养。

若要实现高职人才培养目标,学生应从心理上放下自卑,走出自己所设的不平衡与差异感,正确认识高职院校,了解其形成历史、特点、文化发展等,努力学习专业技能,积极参加校园文化活动,提升各方面素质,用实力来证明自身能力。学生只有对于高职院校文化的深入了解和准确定位，才能对高职院校的文化既不妄自菲薄，也不夜郎自大；才能从心底对自身所处的校园文化形成认同感和归属感，产生一种精神寄托，增强文化自觉，为社会主义大发展、大繁荣贡献力量。

2. 高职院校教师方面

高职院校育人目标的实现必须依靠教师的高度责任感。教师应明确育人责任，转变自身"功利"的想法，改变以往只关注学术成绩，只注重评职称、晋升的做法，坚持育人为本的理念，真正做到教书育人。

高职院校的教师应该在潜心钻研专业知识的同时提升职业道德素质，考虑学生所需，学生所想，用知识和文化熏陶感染学生，在对学生技能教育的同时，加强自身人文教育，增强文化自觉，培养出社会需要的有用人才。

3. 高职院校方面

学校应反省自身，加强文化自觉。学校应该摒除急功近利的想法，根据自身院校文化历史，结合时代发展现状，了解自身特色及优势，理性看待自身文化发展。

学校应该认识到文化是教育发展的内生动力，努力实现自身的责任担当，提升文化自觉，用先进文化引领社会进步。一方面要在思想上保持对学校文化意义、文化地位、文化作用的深度认同；另一方面要在加强学校物质文化建设的同时，关注精神文化，尤其要重视思想教育文化建设，注重学生心理健康教育，帮助学生树立正确的世界观、人生观、价值观，引导学生用积极的心态处理问题、解决问题，用长远的眼光看待高职教育发展，营造文化育人氛围，促进高职教育新发展。

显然，高职院校文化提升，不是仅靠学校就能解决的，需要全社会共同努力，营造理性的文化氛围。学校作为文化育人的主导者，应以高度的文化自觉为起点，坚持育人为本的办学理念，正视文化育人存在的问题，"一针见血"地解决高职教育在文化发展中所遇到的瓶颈，实现文化育人。

（三）高职院校必须实现文化自强

提升文化自觉、增强文化自信的最终目标是为了实现文化自强，促进文化育人。文化自强是指高职院校根据自身实力，突出自身特色，建立具有强大吸引力、创造力和竞争力的院校文化。

1. 院校文化建设要融入工业文化

目前，我国工业化发展迅猛，高职教育作为高等教育的重要组成部分，承担着传承工业文化的重要使命。工业文化是指在工业发展进程中所产生的物质文化、精神文化的综合，其特点是服务性、行业性、创新性。学校应该根据工业文化的特点，从多个角度改革创新，建设与工业文化相融合的高职院校文化。

学校可以通过建立"校中厂"，利用工业文化感染院校文化。所谓"校中厂"指的是工厂被企业设在校园内，包括企业的生产装备、生产环境、管理制度等企业要素完全引入"校中厂"，由企业全权运作，学生参与全程的生产流程，相当于学生的实验实训基地。这种"校中厂"式的教学方法在遵循教育规律的同时，高度仿真企业的生产流程和生产环境，使学生能够"身临其境"，体验企业的生产要求，管理规则、质量标准等，营造学校的企业文化氛围，实现文化育人目标。

高职院校文化若要融入工厂文化，可采用以下几种模式建立"厂中校"。第一种模式是由高职院校筹措资金进行投资，建立自主经营、自负盈亏的实训基地；第二种模式是高职院校与企业建立"协作型"合作关系，由学校支付给企业一定的资金，换取企业对于学校教育教学工作的支持；第三种模式是学习德国"双元制"模式，由企业和学校共同在企业内承担教学任务，围绕学校建立工业园区，或者在工业园区内设立高职院校，形成工业文化与高职院校文化的和谐共生的氛围。

2. 教学组织要融入行业企业文化

企业和学校作为社会中的不同主体，目标不同，利益不同，但是两者的文化都是"育人"的文化。如何根据专业需求不同，通过企业文化与院校文化的对接与融合，传承创新行业企业文化，实现文化育人目标是十分重要的问题。

首先，高职院校要实现文化育人目标，必须加强基础文化素质教育。学校应以专业发展为动力，将文化素质教育与专业教育相结合，促进高职教育的可持续发展；通过实践能力的培养与理论知识的学习，使学生能够培育自己的价值观与人生观，在专业能力、性格养成、价值目标等方面实现高职教育的深化发展。

其次，根据专业需求，可把不同行业的企业文化融入教育教学环节。学校应根据行业企业的不同要求，建立具有自身特色的专业文化，促进专业素养的培育，包括专业课程内容、教学计划、教学大纲等教育教学环节；在编制教案时，可根据不同专业的需求，把著名企业的经营理念、工程案例融入其中，让学生在无形中浸润于与自身专业相关的行业企业文化中；通过顶岗实习，使学生直面行业文化。

最后，通过科技服务，传播创新企业文化。学校可与企业联合举办科技服务活动，传播优秀企业的高品质服务概念，同时还可以邀请优秀企业家和学者开设职业人文的讲座，传播企业文化，使学生了解、认知行业企业文化。

3. 通过职业训练培养优秀企业精神

企业精神具体表现为公平公正的竞争制度、相同的奋斗目标，鲜明的集体意识和强烈的社会责任感。企业精神优秀与否，决定着企业市场竞争力的强弱。因此，高职院校应通过校企合作，采取"学校—企业"合作育人的方法，使学生浸润在优秀企业文化中，提高学生职业素养，使学生逐步成长为职业人。

首先，设计职业训练体现"真刀真枪"。学生可走进企业参观学习以及通过随岗、跟岗、顶岗，培养青年解决问题的能力，通过"耳濡目染"，了解、认知企业的价值取向，经营目标、管理制度等，从而让自己逐渐成长为具有专业素养的职业人。高职教育的"订单式"培养模式，由企业提供的教学大纲和课程内容，也鲜明地表达了企业所要求的员工素质，使学生能清晰地感受到在今后的职业生涯中所必须具备的素质，从而为之奋斗和努力。

其次，组织实施职业训练要体现"真实企业"。学校在培养学生职业素养的过程中，必须根据专业不同，按照真实企业的标准来实施职业训练，职业训练包括企业的管理制度、生产标准、着装规范、奖惩机制等，用企业对员工的标准来要求学生在学校的行为规范，开展组织纪律性教育，严明时间观念，严格按照企业流程上岗生产。

最后，职业训练结果考核要体现"奖惩兑现"。职业训练的考核应像企业验收产品一样有要求、有标准、有验收过程、有奖惩措施。高职院校应根据专业的不同，依据企业评价指标，根据学生具体情况，制订出一套符合学生特点、与企业接轨的奖惩制度，验收其学习、实习成绩，给予相应的奖励或惩罚措施，培养学生优秀的企业精神。

总之，在社会主义建设的新时期，高职院校要承担起文化责任与文化育人的使命，必须提升文化自觉，明确自身清醒的认识与定位，加强文化自信，通过校企合作，实现校企文化融合，实现文化自强，促进高职教育跨越式发展，引领社会主义高职院校文化大发展、大繁荣。

第三节　高职院校文化育人的机制思考

一、铸就院校精神，构建精神育人机制

所谓高职院校精神，就是大学在其存在与发展过程中孕育积淀而成的，浓缩了数代大学人的独特品质和理想追求，赋予大学这一组织以独特的魅力和个性特征的传统、理念和气质。作为高职院校精神文化的核心，既包含传统的大学理念

与传统的累积，还包含着大学从其产生到现在的发展过程中所形成的多代大学人的理想和独特品质，丰富与充实着大学文化精神。

高职院校精神需要一个漫长的历史运行过程才能形成，它具有相对的稳定性。但如果离开了人文精神和科学精神的滋养，那么高职院校精神也必将衰弱，其使命也终将不能实现，其强大的凝聚力也会随之不见。人文精神和自然科学有着不同的追求，自然科学注重真实，人文精神则体现美善，为科学技术注入美与善的文化因素。

1. 铸就高职院校精神，需要对现代大学进行准确定性与定位

大学文化精神的低沉或丧失，与定位模糊的大学性质息息相关。在归纳各种功利性和实用性需求的影响下，在适应社会变革过程中的现代大学已经发展成为一个"巨型"多元化的大学。大学的自由精神、超越精神、人文精神和批判精神也就逐渐丧失。因此，新时代，需要铸就独立的高职院校精神。

2. 铸就高职院校精神，需要坚守大学的精神传统

"大学像一切组织体，不可能一成不变。发展的契机是变化，世界上唯一不变的就是变。所以文化的成长都是承续与变迁的结合。"在文化变革的大潮中延续和保留传统的高职院校精神至关重要。高职院校精神是人类精神的重要延续，无论是西方大学还是东方的中国大学都对孕育和沉淀大学的精神有所贡献，更是一个整体的相互补充。因此，铸就高职院校精神，需要我们去坚守大学的精神传统。

3. 铸就高职院校精神，需要注入时代精神

涂又光先生曾说，大学既要有"出世精神"又要有"入世精神"。大学的出世精神可以理解为大学具有的人文关怀精神、理想主义精神及超越精神；大学的入世精神，就是大学的现实精神和与时俱进的变革精神。当今的时代精神如果需要精准概括出来是非常不容易的事，我们现在所生活的时代每天都在变化，而且速度比哪个时代都要快。与时俱进可以说是当今时代变革的主要特点和内容。高

职院校精神注入时代精神，就是要赋予大学与时俱进的变革精神。

高职院校要秉着与时俱进的创新精神，紧跟时代发展的步调，正视当今时代发展的现实性，克服保守性和惰性，使高职院校精神的变革真正落到实处。

二、完善规章制度，构建管理育人机制

学校的管理，主要内容是通过对学校内外部资源的调度、组织、控制和协调以达到组织目标。管理活动，主要是通过制度和规范等形式表现出来。管理育人，其本质就是学校各种制度规范在内涵形成和执行过程中，对管理对象在知识和价值层面的影响。相对于教书育人，管理活动对学生的影响主要是通过规范教学等相关活动过程来实现的，科学的管理有助于提高教学活动的效率和质量。任何一个运行良好的组织，都离不开管理活动，管理为保证大学文化的持续发展提供了制度保障。比如在新生融入大学的过程中，虽然既有的群体规范，如校风、学风等，可能对新生产生群体压力，从而使他通过模仿、认同等方式逐渐接受，但同时也不能否认冲突的存在，这种冲突可能导致新生的文化逆反。大学中的各种激励制度就可以起到很好的文化导向作用。

高职院校学生管理工作的目的是更好地为学生服务，使学生的综合素质有所提高，核心理念是以学生为本。首先，应注重学生群体文化的建设和指导。学生群体文化是在学校生活中的全体学生所共同遵循和拥有的行为规范、基本信念、思维模式和价值理念，是一所学校的性质、个性和精神面貌的生动体现。其次，学校学生管理工作的重点是创建一个大学生自我管理的体系，要充分发挥学生的主动性和积极性，相信学生、尊重学生、依靠学生，开发他们的潜力，使学生真正成为学校的主人。再次，要形成一个全员互动的管理模式，树立服务观念。践行权责明确，任务分配明晰的体系，根据学生工作的要求，在大学辅导员和学生的共同努力下，把学生日常的生活管理工作做好，实现学校育人的目标。

三、注重人文关怀，构建情感育人机制

情感育人是指教育者在教育教学和学生管理工作中所表达的情感体现，充分发挥情感因素去影响、陶冶、激励学生，在此过程中教育者要满怀深厚和真挚的情感去做学生工作，从而充分调动学生的积极性，达到预期的教育目的。它产生于教育者对被教育者对象的深切关怀、关心、关注，也产生于教育者的强烈的事业心、爱心和职业责任感。从内容上看，情感育人主要表现为以下几方面。

首先，情感育人表现为教育者对学生的一种关爱和同情。教育者对学生的爱，不是一种单纯的心理成分，而是在教育过程中由教育者的理智、美、道德凝聚而成的一种高尚的情怀，它要求教育者对学生不仅要有学习生活中的体贴、关心和爱护，而且还要有严格的要求；不仅要关爱优等生，更要对生活上、学习上、心理上存在困难的学生给予真诚的呵护，要晓之以理、动之以情，要深入到他们的内心世界，寻找并激发他们的闪光点。教育者要把这种广博的爱心奉献给学生，激起学生爱的回馈，产生师生之间心灵上的交流与碰撞，并在学生心理上激发出一种积极的情绪，促进学生教育与管理工作的进行和开展。

其次，情感育人表现为教育者对学生的一种尊重。苏联著名教育家苏霍姆林斯基曾经说过："教育成功的秘密在于尊重学生。"这里的尊重有两层含义。其一是对学生人格的尊重。教育者和受教育者之间要建立起一种民主平等的关系，即在教育过程中，教育者和学生以平等的身份共同参与教育和管理活动，形成平等友好、尊重接纳、关心帮助的良好关系，让学生在主动、自由的氛围中展示其天性和才智。其二是对学生自尊心的保护。自尊心是学生健康自我意识的体现，是一种得到他人、集体和社会尊重的情感。教育者必须善于发现、培养、保护、激发学生的自尊心，把学生看成是有独立人格、有自由权利的人。

再次，情感育人表现为教育者对学生的一种理解和热忱。当代大学生涉世不深，缺乏对社会的深入了解，再加上我国家庭教育和基础教育的偏颇，他们的个

人意识十分强烈，凡事从个人利益角度考虑得过多，因而面对诱惑时容易犯一些错误。面对学生的错误，教育者必须走进学生的内心世界，全面了解学生的学习、生活、思想状况，用自身的博爱、宽容和无私促使学生清醒地认识错误，帮助他们走出误区。正如苏霍姆林斯基所言："理解是改变偏执的良药。"教育工作者为了学生的进步，心甘情愿地牺牲自己的时间和精力，努力创设适合学生学习生活的积极健康的成长环境，全心全意为学生服务，学生的进步与成功对教育工作者来说是一种最大的欣慰。

最后，情感育人表现为教育者对学生的一种亲近和期望。教育工作者是否热爱工作体现在对学生的热爱上，一个好的教育工作者乐意与学生交往，喜欢和学生相处，离开学生就会怅然若失，只有和学生在一起，才能体现自己的工作价值。他们对学生都充满了期待，希冀在自己的努力下鼓励学生、激励学生，从而使他们走向成功。无论中途哪个学生落后了，教育工作者都绝不会放弃任何一个掉队的学生。

四、优化大学环境，构建环境育人机制

大学文化依赖于传统文化而产生，它是在长期的历史办学过程中和社会自然环境双重的影响下所积淀的大学人所共有的价值取向、行为规范、思维模式和行为方式。大学文化通过教育活动和校园各类活动在一批批学子和教师之间发展延续，在学校被物化了的雕塑、环境建筑、历史名人等中得以表达和强化。作为校园文化主体的大学生，由于其正处于人生发展的关键期，其行为方式、思维模式、行为规范和价值观等都受到校园文化的影响。营造良好的校园文化环境，主要应抓好以下三个方面。

1. 建设高品位校园物质文化

校园物质文化作为一种物质的客观存在，能被生活在其中的人直接感触到，这种被物化了的设计包含了创建者和设计者的审美和价值观，其特点是直接形

象，且具有持久性。它包括校园的地理位置、地形风貌等自然环境和校园的各种建筑，以及校园里的道路、草地、雕塑、花园、小河、学生宿舍、教学楼等硬件设备设施。学校将育人理念融入自然环境中，使学习生活在其中的老师和学生感受到校园的美好，体验到其中所蕴含的学校文化，对学生的个性塑造、习惯养成、思想品德、人文素养方面起到熏陶、感染、激励和润物无声的效果。学校中的教育环境、教学楼、图书馆、文化体育运动设施等这些都是以物化的方式存在的，这些被物化了的设备设施都直接影响着学生。因此，健康有序、整齐划一、清洁大方的校园环境，对学生的成长及人格的形成都发挥着重要的作用。

2. 建设高品位校园制度文化

校园制度文化是学校的各种规章制度，具有强烈的强制性、规范性、组织性。制度文化的形成对学生价值观念的形成和良好品格的培养起着至关重要的作用，它一旦得到高职院校成员的认可，便会形成一种强大无形的无须强制执行就可以在师生中代代传承的精神文化传统。素质教育的特征和内涵要在学校的规章制度中有所体现，这样才能保证素质教育的制度化。

3. 营造高品位校园精神文化

大学校园的安全性、舒适性以及颇具品位的人文环境都能促进学生对新环境的适应，减少学生从一个熟悉的环境到陌生环境的恐慌与不安，使学生能尽快地接受新环境，保持身心健康发展，形成一种对学校的归属感和认同感。大学校园应倡导自由的学术氛围，老师与学生之间能平等地交流，民主地讨论，这种环境氛围是培养创新人才、迸发创新思想火花的必要条件，可以为创新人才的脱颖而出提供广阔的空间。大学要宽容失败，让大学生在大方向正确的基础上，敢于冒尖，敢于冒风险，使每一个大学生的创造力得到充分发挥。大学教育是以学生为主体，面向全体学生的教育，在教书育人的过程中要尊重学生的主体地位，尽可能多地运用多种教育方式相结合的方式，开发学生的智慧潜能，通过差异教育、赏识教育和激励教育相结合的方法，为学生创设一个快乐舒适的学习环境，因材施教，尊重学生的个体差异，充分发挥学生自身的优势，使每个学生都能成为自信、优秀的人。大学要做到兼容并包，要具有开放性，为学生创设接受多元文化和先进文化的条件，推陈出新，使学生的个性发展能力和文化品质都能有所提升。

第五章　以社会主义核心价值观引领高职院校文化育人建设

第一节　社会主义核心价值观的理论内涵阐释

社会主义核心价值观体现了社会主义意识形态的本质要求，体现了社会主义制度在思想和精神层面的质的规定性，凝结着社会主义先进文化的精髓，是中国特色社会主义道路、理论体系和制度的价值表达，是实现中华民族伟大复兴的中国梦的价值引领。中国梦的实现，既要物质生活充实无忧，又要道德境界充分升华；既要体现为物质进步，更要体现为道德进步。人的道德修养、精神气质、健康人格、文化水准的提升和进步，都离不开社会主义性质的价值观的引领。

一、社会主义核心价值观的内核与表达

（一）社会主义核心价值观的内核

核心价值观，简单来说就是某一社会群体判断社会事务时依据的是非标准和遵循的行为准则，它是一个群体中判断善恶、是非的基本价值标准，体现着群体对目标的认同和共同的追求，在一个社会的思想观念体系中处于主导地位，体现着社会制度、社会运行的基本原则和社会发展的基本方向。任何一个社会都存在着多种多样的价值观念和价值取向，要把全社会的意志和力量凝聚起来，必须有

一套与经济基础和政治制度相适应并能形成广泛社会共识的核心价值观。每个社会都需要一种占据主流领导地位的价值观念（即核心价值观），这种形成共识的价值观念可以唤起人们最大的价值共识，将社会整体意志调动起来，同时又能与当下的政治、经济状况相适应。

当前，我国社会正处在经济转轨和社会转型的加速期，思想领域日趋多元、多样、多变，各种思潮此起彼伏、相互渗透，各种观念相互交融、交杂、交锋，不同价值取向和价值观念并存，习近平总书记指出："当代中国正经历着我国历史上最为广泛而深刻的社会变革，也正在进行着人类历史上最为宏大而独特的实践创新。"① 在这种变革和创新的形势下，人们的思想也随之发生了巨大的变化，价值取向也逐渐多元化、多样化。面对多元化的价值观、多样化的社会思潮、多元化的价值判断、多样化的利益诉求，必须有一种能够照耀每一个人、温暖每一个人、慰藉每一个人、指引每一个人的精神文化公共品，必须有一种能够引领国家发展并能在中国先进文化发展中发挥引领作用的强有力的价值观，以之作为精神旗帜、思想引领和价值导向。正如习近平总书记提出的"我国是一个有着13亿多人口、56个民族的大国，确立反映全国各族人民共同认同的价值观'最大公约数'，使全体人民同心同德、团结奋进，关乎国家前途命运，关乎人民幸福安康"②。这个"最大公约数"就是从多元价值观中凝练、萃取、升华出来的价值内核、共同理想，就是社会主义核心价值观的"内核"。核心价值观是一个国家和民族价值体系中最本质、最具决定作用的部分，它支撑和影响着所有价值判断，因而应当是对整个人类发展历史和未来走向的总的概括和高度凝练。

（二）社会主义核心价值观的表达

当今世界不同文化间的矛盾与冲突，实则是其各自代表的核心价值观之间的竞争与交锋。一个国家的文化软实力，从根本上说，取决于其核心价值观的生命

---

① 习近平. 习近平：在哲学社会科学工作座谈会上的讲话［EB/OL］. 新华网，2016-05-18.
② 习近平. 习近平：确立价值观"最大公约数"关乎国家命运［EB/OL］. 人民网，2014-05-05.

力、凝聚力、感召力。

一个民族、一个国家的核心价值观必须同自身的历史文化相契合，同自身正在进行的奋斗目标相结合，同自身需要解决的时代问题相契合。因此，在当代中国，我们的国家必须始终坚持构建社会主义核心价值体系和坚守社会主义核心价值观。2006 年 10 月，党的十六届六中全会首次明确提出"建设社会主义核心价值体系"的重大战略任务。2012 年 11 月，党的十八大明确提出要"倡导富强、民主、文明、和谐，倡导自由、平等、公正、法治，倡导爱国、敬业、诚信、友善，积极培育社会主义核心价值观"。"社会主义核心价值体系"内容涵盖指导思想、共同理想、中国精神、价值观念，涉猎面相对比较宽泛。富强、民主、文明、和谐，自由、平等、公正、法治，爱国、敬业、诚信、友善，分别从国家层面、社会层面和个人层面上高度凝练和概括了社会主义核心价值观的基本内容，深入回答了新时代我们要建设什么样的国家、建设什么样的社会、培育什么样的公民的重大问题，是当代中国精神的集中体现，凝聚着全体人民共同的价值追求。其中，"富强、民主、文明、和谐"，是我国社会主义现代化国家建设目标的价值表现和价值要求，是从价值目标层面对社会主义核心价值观基本理念的凝练，在社会主义核心价值观中居于最高层次，对其他层次的价值理念具有统领作用；"自由、平等、公正、法治"，是对所要建成的美好社会的价值表达和价值要求，也是从社会层面对社会主义核心价值观基本理念的凝练，它反映了中国特色社会主义的基本属性，是我们党矢志不渝、长期实践的核心价值理念；"爱国、敬业、诚信、友善"，是公民基本道德规范，是从个人行为层面对社会主义核心价值观基本理念的凝练和基本要求。社会主义核心价值观把国家、社会、公民的价值要求融为一体，规定了国家的价值目标、社会的价值取向以及对社会成员的价值规范及落实，它覆盖社会道德生活的各个领域，是公民必须恪守的基本道德准则，也是评价公民道德行为选择的基本价值标准。

社会主义核心价值观是中国共产党领导各族人民在建设中国特色社会主义的

历史进程中，以马克思主义为指导，在传承中华优秀传统文化中价值理念和吸收外来先进文化价值观念的基础上，凝练出来的精华。社会主义核心价值观是中华优秀传统文化和社会主义先进文化中蕴含着的科学内涵和精神文明，既体现了社会主义的本质要求，继承了中华优秀传统文化，又吸收了世界文明有益成果，体现了时代精神。中华优秀传统文化已经成为中华民族的基因，潜移默化地影响着中国人的思想方式和行为方式。习近平总书记指出："我们生而为中国人，最根本的是我们有中国人的独特精神世界，有百姓日用而不觉的价值观。"① 如果我们的文化基因变了，所谓"中国人"之"中国"就只具有地域意义，而无文化意义。中国共产党领导中国人民经过近百年的艰苦奋斗、努力创造、不断总结，成功开创了中国特色社会主义道路，形成了中国特色社会主义理论、制度、文化，这是当代中国最根本、最核心的价值观念。

第二节　社会主义核心价值观与文化育人

一、社会主义核心价值观引领文化进步

文化是一个内涵极其丰富的概念，价值观念是其中最核心最根本的部分，不同的文化会表达不同的价值取向和价值观念，文化的先进性首先体现在价值观念的先进性上。世界上各种文化之争，本质上就是价值观念之争，文化的核心力量很大程度上取决于价值观的生命力、凝聚力、感召力、影响力和传播力。习近平总书记所讲的"在多元中立主导、在多样中谋共识、在多变中定方向"②，强调的就是文化建设与发展中的价值观问题。社会主义核心价值观在我国社会主义价

① 习近平. 青年要自觉践行社会主义核心价值观：在北京大学师生座谈会上的讲话［EB/OL］. 新华网，2014-05-04.

② 习近平. 在中央政协工作会议暨中国人民政治协商会议成立70周年大会上的重要讲话［EB/OL］. 新华网，2019-09-22.

值观、价值体系和核心价值体系中居中心地位、起统领作用，以社会主义核心价值观引领社会主义文化建设，是发展中国特色社会主义文化的必然要求。

（一）社会主义核心价值观引领文化发展方向

马克思曾指出："统治阶级的思想在每一时代都是占统治地位的思想。这就是说，一个阶级是社会上占统治地位的物质力量，同时也是社会上占统治地位的精神力量。"① 在中国，社会主义核心价值观是中国先进文化的内核，体现着全民族的价值追求，反映了社会主义中国先进文化的客观发展要求和前进方向，它是引领中国先进文化朝着既定方向发展的内在力量。没有社会主义核心价值观，中国先进文化建设就失去了灵魂，就没有了方向和引领。社会主义核心价值观三个层面将国家价值目标、社会价值取向、个体价值准则有机融合，深入回答了"我们要建设什么样的国家、建设什么样的社会、培育什么样的公民"的重大问题，集中体现了社会主义的价值目标、美好愿景和崇高价值追求。可以说，社会主义核心价值观内在规定着当代中国的文化是以马克思主义为指导的文化，是坚持社会主义性质和方向的文化，是以实现中华民族伟大复兴为目标的文化，是以培养担当民族复兴大任的时代新人为着眼点的文化。

随着经济发展的深刻变革和各类社会思潮的不断涌现，人们在思想意识上越来越呈现出差异性、个性化、多样化、多变性等特点，社会主义核心价值观对于引领纷繁复杂的社会思潮，可以把不同阶层和不同思想价值观念的人们凝聚起来。习近平总书记曾指出："当代中国正经历着我国历史上最为广泛而深刻的社会变革，也正在进行着人类历史上最为宏大而独特的实践创新。"② 在这种变革和创新的形势下，人们的思想也随之发生了巨大的变化，价值取向也逐渐多元化、多样化。面对人们价值观念的这些变化，在尊重多样化的基础上，必须有一种能够指引国家发展方向并能在中国先进文化发展中发挥引领作用的强有力的价

---

① 马克思恩格斯选集：第 1 卷 [M]. 北京：人民出版社，1995：98.
② 习近平. 在哲学社会科学工作座谈会上的讲话 [EB/OL]. 新华网，2016-05-18.

值观。以"三个倡导"为基本内容的社会主义核心价值观在这种多元多样价值观体系中顺势而生，成为当代中国社会导航式的价值观，成为统领社会主义文化建设的一根红线，引领大众文化向着积极健康的方向发展，抵御西方资本主义国家借文化产业展开价值观渗透，在文化发展变迁中、在价值取向上发挥"定盘星"的作用。我们的文化是中国特色社会主义的文化，而不是其他性质的文化，中国特色社会主义文化发展必须牢牢把握社会主义的性质与方向，始终坚持以社会主义核心价值观为引领。

（二）社会主义核心价值观引领文化建设制度

面对世界思想文化交流、交融、交锋形势下价值观较量的新态势，将社会主义核心价值观引领文化建设加以升华，使其成为坚持和完善繁荣发展社会主义先进文化制度的重要内容和组成部分，对于巩固马克思主义在意识形态领域的指导地位、巩固全党全国人民团结奋斗的共同思想基础，牢牢把握社会主义先进文化前进方向，激发全民族文化创新、创造活力，具有重要的现实意义和深远的历史意义。

党的十九届四中全会审议通过的《中共中央关于坚持和完善中国特色社会主义制度、推进国家治理体系和治理能力现代化若干重大问题的决定》，着眼于更好地保障和推动社会主义先进文化繁荣发展，不断巩固全体人民团结奋斗的共同思想基础，首次创造性提出"坚持以社会主义核心价值观引领文化建设制度"的思想，把坚持以社会主义核心价值观引领文化建设制度作为其重要内容和实现途径。文化实力的强弱很大程度上取决于贯穿其中的核心价值观的引领力，社会主义核心价值观深厚的民族性、鲜明的时代性、内在的先进性、广泛的包容性，决定了其在我国文化建设中居于主导和引领地位。社会主义核心价值观引领文化建设制度，一要推动理想信念教育常态化制度化，筑牢精神之基、把稳思想之舵；二要完善弘扬社会主义核心价值观的法律政策体系，坚持德法共治、明确价值导向；三要推进中华优秀传统文化传承发展工程，巩固文化之本、筑牢文化之基；四要健全志愿服务体系，提升文明素养、引领社会风尚；五要完善诚信建设长效机制，树立诚信理念、强化规则意识。

二、社会主义核心价值观牢铸育人根基

文化对人的浸染、影响集中体现在价值观上，但在实践中并不是简单的一一对应，这是文化的复杂性和多样性使然。一个国家的强盛，离不开精神的支撑；一个社会的发展，有赖于文明的推动；一个人的进步，也需要文化的哺育和滋养。习近平同志强调，"坚守我们的价值体系，坚守我们的核心价值观，必须发挥文化的作用"①，这体现了社会主义核心价值观教育与文化育人实质上具有一致性。

（一）社会主义核心价值观与文化育人目标的一致性

文化育人的过程实质上也是凝聚价值理念的过程，就是要形成价值共识，明确什么样的价值观是正确的，什么样的价值观是错误的，寻找不同主体间共同的价值取向，从而树立共同的、科学的价值理念，并发挥它在育人中的积极作用。立德树人、铸魂育人是社会主义核心价值观教育和文化育人的共同目标。

1. 立德树人

社会主义核心价值观是当代中国精神的集中体现，是凝聚中国力量的思想道德基础。习近平指出："核心价值观，其实就是一种德，既是个人的德，也是一种大德，就是国家的德、社会的德。国无德不兴，人无德不立。如果一个民族、一个国家没有共同的核心价值观，莫衷一是，行无依归，那这个民族、这个国家就无法前进。"② 如果个人没有基本的道德规范意识，那就容易导致价值迷失。因此，文化育人就必须把培育和弘扬社会主义核心价值观作为凝魂聚气、强基固

---

① 习近平. 完善和发展中国特色社会主义制度推进国家治理体系和治理能力现代化 [N]. 人民日报，2014-02-18.

② 习近平. 习近平谈核心价值观 [N]. 人民日报（海外版），2014-07-24.

本的基础工程，通过培育和弘扬社会主义核心价值观，积极引导人们讲道德、尊道德、守道德，追求高尚的道德理想，不断营造良好的社会道德风尚。要"把社会主义核心价值观融入社会发展各方面，转化为人们的情感认同和行为习惯"；把培育和践行社会主义核心价值观作为精神文明创建的根本任务，体现到文明城市、文明村镇、文明单位、文明家庭、文明校园创建活动的各个方面；把社会主义核心价值观渗透到精神文化产品创作生产传播的各环节，潜移默化地增进人们对社会主义核心价值观的认同和践行，使社会主义核心价值观成为人们的价值准则、思想指引和精神动力，不断提高人们的思想道德素质。

在社会主义核心价值观中，最深层、最根本、最永恒的是爱国主义，爱国主义是常提常新的主题。拥有家国情怀的作品，最能感召中华儿女团结奋斗。范仲淹的"先天下之忧而忧，后天下之乐而乐"，陆游的"王师北定中原日，家祭无忘告乃翁""位卑未敢忘忧国""夜阑卧听风吹雨，铁马冰河入梦来"，文天祥的"人生自古谁无死，留取丹心照汗青"，林则徐的"苟利国家生死以，岂因祸福避趋之"，岳飞的《满江红》，方志敏的《可爱的中国》，等等，都凝聚着作者的全部热情为祖国放歌抒怀。在新时代，用来育人的文化也要把爱国主义作为主旋律，引导人民树立和坚持正确的历史观、民族观、国家观、文化观，增强做中国人的骨气和底气。习近平总书记强调："传递真善美，传递向上向善的价值观，引导人们增强道德判断力和道德荣誉感，向往和追求讲道德、尊道德、守道德的生活。"[①] 在当代中国，文化育人就是以中国特色社会主义文化为底色，以社会主义核心价值观为引领，使人产生思想认同、情感认同和价值观认同，通过将社会主义核心价值观融入日常生活，从而构建"是非明、方向清、路子正"的文化育人内容体系，进而树立正确的世界观、人生观、价值观，坚定理想信念，树立正确的政治信仰，努力培养德智体美劳全面发展的社会主义建设者和接班人。

---

① 习近平. 在文艺座谈会上的讲话 [EB/OL]. 新华网，2014-10-15.

2. 铸魂育人

社会主义核心价值观是社会主义意识形态的本质体现，同时也是中华优秀传统文化、中国革命文化和社会主义先进文化的时代结晶和现实体现，是实现中华民族伟大复兴中国梦的兴国之魂。建设什么样的社会、实现什么样的目标，人是决定性因素，"社会主义核心价值观建设，说到底是人的思想建设、灵魂建设，聚焦的是造就具有正确世界观、人生观、价值观的建设者。这样的时代新人，应当在有自信、尊道德、讲奉献、重实干、求进取等方面，有新风貌、新姿态、新作为"①，习近平总书记这段话，提出了时代新人的标准和要求，把"培育什么样的价值观"同"培养什么样的人"紧密地结合起来，将社会主义核心价值观教育和文化育人的共同使命表达了出来。文化育人的过程就是把社会主义核心价值观融入精神文化、物质文化和制度文化各层面和育人的各环节的过程。

文化的本质，体现的是一种精神、一种理念、一种行为的模式和习惯。文化的精神性、传承性特性构筑了铸魂育人的价值体系，决定了铸魂育人功能趋向。文化对个体价值观的塑造，往往不是"疾风骤雨"般地骤然完成，而是"润物细无声"般地教化，逐渐将文化内涵的精神力量转化为个体的情感认同和行为习惯。好的文学作品和文艺作品能够启迪思想、温润心灵、陶冶人生。改革开放以来，我国经济发展很快，人民生活水平提高也很快。同时，我国社会正处在思想大活跃、观念大碰撞、文化大交融的时代，出现了不少问题。其中比较突出的一个问题就是一些人价值观的缺失。所以，邓小平同志早就指出："风气如果坏下去，经济搞成功又有什么意义？"因此，"我们要在全社会大力弘扬和践行社会主义核心价值观，使之像空气一样无处不在、无时不有，成为全体人民的共同价值追求，成为我们生而为中国人的独特精神支柱，成为百姓日用而不觉的行为准则。"② 可见，社会主义核心价值观教育和文化育人都是本着"为人民提供精神

---

① 中共中央宣传部. 习近平新时代中国特色社会主义思想三十讲 [M]. 北京：学习出版社，2018：197.
② 习近平. 在文艺座谈会上的讲话 [EB/OL]. 新华网，2014-10-15.

指引"的原则和要求，注重人文教育和隐形教育，塑造人的灵魂，建构共有精神家园，实现在潜移默化、春风化雨、润物无声中实现感染人、塑造人的目的。

（二）社会主义核心价值观对文化育人的导向作用

一定的文化以一定的价值观念为核心，一定的价值观是决定文化的最深层次要素，文化与核心价值观高度契合，文化深度滋养核心价值观，核心价值观的培育和践行为文化的发展与人的行为提供正确的导向和规范。社会主义核心价值观决定和引领文化育人的性质、方向、水平，规定着文化育人的根本目标和任务。

1. 明确育人性质和方向

任何文化都有价值取向，文化的价值取向决定着文化育人的方向。社会主义核心价值观作为先进的价值理念，是社会主义先进文化的精髓，是人才培养的行动指南和价值目标，对个人、社会和国家的发展起着导向作用。社会主义核心价值观既引领国民教育、精神文明创建、精神文化产品创作生产传播，也作为统领社会主义文化建设的一根红线，在文化育人的价值取向上发挥着"定盘星"的作用。进入新时代，文化育人，到底要育怎样的人，对此问题的回答，取决于社会主义核心价值观建设问题的答案，即人的思想建设、灵魂建设问题，归根结底就是造就具有正确世界观、人生观、价值观的建设者。价值观直接决定文化育人的方向和质量，在文化育人中大力弘扬、积极培育和践行社会主义核心价值观，关键要做到在价值认同的基础上，坚持以社会主义核心价值观引领和整合大众文化及多样化的社会思潮，用全党全社会形成的统一的指导思想、共同理想信念、强大精神力量、基本道德规范进行育人，使整个社会的价值取向向着更加积极健康的方向发展和完善，并将这股正能量内化为对积极、健康、向上的主流思想文化的情感认同，外化为向上向善、崇尚公平正义的行为习惯的行动指南。社会主义核心价值观蕴含了各种先进的价值理念，既为社会主义先进文化的建设添砖加瓦，也为文化育人提供了强大的精神动力、坚实的价值基础和正向的价值引领。

在社会主义核心价值观三个层面的内容中，"富强、民主、文明、和谐"，是立足于当代中国基本国情和社会主义经济关系基础概括的国家层面的价值目标，是近代以来千千万万中华儿女上下求索，历经艰辛确立的奋斗目标和追求的最大利益，为文化育人提供动力和活力；"自由、平等、公正、法治"，是立足于中国社会的实践需求、时代特征及未来发展趋势概括的社会层面的价值取向，体现了社会主义的本质要求，为文化育人提供良好的社会氛围和法律保障；"爱国、敬业、诚信、友善"，是立足于培育社会主义公民的基本道德规范和道德要求凝练的个人层面的价值准则，凝结着中华优秀传统文化的精髓和要义，体现了中国人独有的精神特质，是文化育人的核心内容。社会主义核心价值观集中反映了中国特色社会主义先进文化的本质特征，体现了中国共产党人高度的文化自信和文化自觉的价值追求，它决定着文化育人的社会主义属性，为文化育人提供了根本的政治保证和思想保证。作为文化育人主要阵地的高职院校，在办学过程中，要坚持育人为本、德育为先，把社会主义核心价值观作为大学生文化素质教育和德育的核心内容，促使学生在"勤学、修德、明辨、笃实"上下功夫，使社会主义核心价值观成为青年学生的基本遵循，解决好学生世界观、人生观、价值观这个"总开关"问题，使之成为明大德、守公德、严私德的社会主义建设者和接班人。

2. 决定育人目标和任务

文化具有不同的层次，在文化的最深处，是蕴含其中的价值观，价值观在文化体系中居于统领和核心地位，核心价值观对人的影响最深远、最深刻。社会主义核心价值观涵盖国家、社会和个人的价值系统，是社会主义精神和价值体系中最根本、最重要和最集中的价值内核，是社会成员共同遵循和维护的行为准则。从一定意义上讲，文化育人的根本就是价值塑造，即发挥中国特色社会主义文化中的核心价值观的力量，使之对人的思想和行为产生潜移默化的影响。因此，积极培育和弘扬社会主义核心价值观，坚守以马克思主义为灵魂的社会主义核心价值观，塑造正确的政治观、思想观、道德观、法律观，就成为文化育人的核心内容、基本任务和根本目标。进入新时代，世界多极化、经济全球化深入发展，国内经济发展转轨转型，社会发生深刻变革，现代信息技术迅猛发展，世界范围内各种思想文化交流、交融、交锋更加频繁，社会思想观念日益活跃，人们的价值追求更加多元化、多样化、个性化，价值取向更加趋于功利化、实用化。面对这样的国际国内复杂的形势，文化育人就要坚持文化的思想性、价值性和导向性，要用社会主义核心价值观来对人们进行引导、启迪、激励、教育，引导人们树立科学的世界观、人生观、价值观。文化育人的这一根本任务决定了用来"育人"的文化必须围绕社会主义核心价值观这个核心和灵魂，以之为育人的精神内核，在文化育人中要充分发挥社会主义核心价值观的核心作用，坚持以文载道、铸魂育人。

第三节　践行社会主义核心价值观，提升文化育人的实效性

一、积极推进社会主义核心价值观认同最大化

树立问题意识，坚持以问题导向为原则，是全面推进社会主义核心价值观认同的关键所在。

（一）认清社会主义核心价值观的本质

要认清两种价值观的本质区别，提升对社会主义核心价值观的本质认同。西方"普世价值"观是对价值观念和价值事实的"偷梁换柱"，是以抽象的"普世"性作为幌子，宣扬的却是统治阶级"共同利益的幻想"，其实质就是资本主义制度和价值观念。按照马克思主义的说法，"在资产阶级统治时期占统治地位的概念则是自由、平等，等等""将是越来越抽象的思想，即越来越普遍形式的思想"。不得不说，西方"普世价值"观就是建立在抽象人性论基础上的一种对

"价值的虚幻"，脱离了人的本质属性，实则是资产阶级的"护身符"，无产阶级的"袈裟"。而社会主义文化自信视域下高职院校社会主义核心价值观培育研究的价值观是从具体的、现实的对象出发，深刻体现马克思主义者对社会主义价值理想的基本诉求，在继承和发扬马克思主义价值观的理念基础上，又赋予马克思主义价值观创新的时代性特征和民族性特质。这一价值观的突出特征就是以"现实的人"作为价值主体，坚持"以人为本"，把人创造价值最大化作为核心观念。其实质就是"现实的人"的价值观，它既能体现每一个公民的主体地位，并以实现人的"自由全面发展"和人类社会的"自由人联合体"为最终目的；又能体现人民管理者的民本思想，使其真正做到"立党为公、执政为民"。因此，社会主义核心价值观是代表整个人类进步的价值追求，符合时代潮流，真正引领社会思潮的先进价值观。作为社会主义成功典范的中国，正代表着人类社会发展的前进方向。但是在社会主义初级阶段建设中国特色社会主义道路过程中，我们只有坚持社会主义核心价值观，坚持以马克思主义为指导的社会主义意识形态，才能有效防止西方"普世价值"观的干扰，才能维护好我们自己的主流价值和主流意识形态。

（二）认清中国国情

要认清中国国情，坚持中国道路，提升对社会主义核心价值观的内涵认同。从理论上分析，社会主义核心价值观包括两层含义，一是对社会主义本质的全面揭示，二是对我国核心价值观内涵的整体透视。首先，作为马克思主义价值创新层面上的社会主义核心价值观，体现了中国特色社会主义的价值目标，体现了社会主义的本质要求。社会主义能在我国生根发芽，茁壮成长，这不仅是由中国特殊国情决定的，也与中国传统文化有很大关系。中国走社会主义道路是符合中国文化传统取向的，是中国人民对自己文化传统的一次深刻变革。社会主义核心价值观向世界展示了中国人民选择社会主义制度和坚定不移地走中国特色社会主义道路是正确的，是实现中华民族伟大复兴的唯一出路。

　　不仅如此，社会主义核心价值观又是对近代以来中华民族寻梦途中多元价值的整合。从"泱泱大国"到半殖民地半封建的屈辱，再到"中国梦"的跌宕起伏，深刻体现了中华民族核心价值观在风霜雪雨中的蜕变与整合。中国人民在腥风血雨的上下求索中把"社会主义"与"核心价值观"有机结合起来，彻底解决了一直困扰中国人民的价值观难题，它犹如春风化雨般滋润着中国大地，从此照亮了中国前进的方向。从内容上看，"三个倡导"是社会主义核心价值观的具体体现。"三个倡导"既有中国传统价值观元素，又有马克思主义价值观元素。以"三个倡导"为主要内容的社会主义核心价值观是马克思主义价值观中国化与中华传统美德的统一，是中国先进价值理念与社会主义先进文化的统一。它既符合人类社会发展规律，又满足中国人民特殊需要。从功能上看，社会主义核心价值观强烈地反映出主客体之间在实践基础上的一种能动力量。有了社会主义核心价值观，中华民族就有了向心力和凝聚力，各族人民就能团结一心，众志成城，去实现自己的伟大梦想。

（三）认清党与人民之间的血肉联系

　　要认清党与人民群众之间的密切关系，提高对社会主义核心价值观的大众化认同。理论发展永无止境，实践发展也永无止境，理论只有深入实践，才能指导人民群众，成为人民群众改造社会的力量源泉。人民群众是历史的主人，人民群众在改造历史的过程中把理论和实践有机地结合起来，使理论和实践在人民群众中发酵，让理论和实践成为人民群众"批判的武器"和"武器的批判"。社会主义核心价值观是我国在探索社会主义建设道路上的理论结晶，是人民群众实践的经验总结，它必将是人民群众积极投入中国特色社会主义伟大事业的共同价值信仰和精神反映。从群众观点和群众路线上就能反映出，社会主义核心价值观的根基必须是人民群众，大众化就是它坚持的基本原则和最终归宿。因此，实现广大人民群众的心理认同和文化认同是社会主义核心价值观大众化的关键所在。毕竟社会主义核心价值观不是自发产生的，它是人民群众心理层面的情感透视。"心若在，梦就在"，只有扎根于人民群众内心深处，成为人民群众的"心灵鸡汤"，才会具有心理认同感。同时，社会主义核心价值观又是中华优秀传统文化和社会主义先进文化的结合体，既有"中国气派"，又有时代文化元素。社会主义核心价值观只有把民族文化和时代文化充分地展现出来，人民群众才能感受到自身存在感和国家归属感，在建设中国特色社会主道路上才会充满强大的文化自信，共同为实现中华民族伟大复兴的中国梦而砥砺奋进。

二、在文化育人中弘扬社会主义核心价值观

在讲到如何培育和践行社会主义核心价值观这一问题时，习近平总书记特别强调，要深化未成年人思想道德建设，教育引导广大青少年"扣好人生第一粒扣子"，勤学、修德、明辨、笃实，身体力行践行社会主义核心价值观。在全社会培育和弘扬社会主义核心价值观上，青年应始终走在时代前列，成为社会主义核心价值观的坚定信仰者、积极传播者、模范践行者。青年是引风气之先的社会力量，青年的价值取向决定了未来整个社会的价值取向，而青年又处在价值观形成和确立的时期，抓好这一时期的价值观养成十分重要。就像穿衣服扣扣子一样，如果第一粒扣子扣错了，剩余的扣子都会扣错，青年学生一定要扣好自己人生的"第一粒扣子"。

（一）在文化育人中融入社会主义核心价值观

社会主义核心价值观是新时代全体社会成员共同的价值追求与价值目标，是新时代文化育人的核心与灵魂。因此，新时代文化育人必须把培育与践行社会主义核心价值观融入人才培养全过程，使社会主义核心价值观落地生根。

1. 把社会主义核心价值观融入文化育人全过程

价值观与文化之间是互相依存，相互影响，相互促动的，它们之间互相反哺，相互交融。价值观对文化育人具有引领和导向作用，文化本身也能够表现出一定的价值趋向，是一定的价值观在个体身上的具体化。社会主义核心价值观集

中体现了社会主义意识形态，在文化育人中要具体内化为人们的马克思主义信仰、社会主义的共同理想信念、爱国主义精神和思想道德素质。习近平总书记强调，"要把社会主义核心价值观贯穿于高校办学育人全过程"①，使社会主义核心价值观成为全社会基本价值取向。将社会主义核心价值体系融入文化育人的全过程，这既是坚定文化自信的根本保证，也是培养品德高尚、信念坚定的人才的本质要求，是激发社会成员责任意识和担当精神的重要途径，更是新时代落实立德树人根本任务的重要依托。

文化育人首先是价值观的培育，社会主义核心价值观作为社会主义先进文化的精髓，只有内化为个体的精神信仰才能得到落实和发展，同时，个人的精神信仰又反过来助推价值观的确立和构建。习近平总书记强调，要使社会主义核心价值观的影响像空气一样无所不在、无时不有，必须坚持全民行动、干部带头，从家庭做起，从娃娃抓起，必须动员全社会共同参与、共同行动，使之与人们的日常生产生活深度融合。他强调，党员干部要发挥示范带动作用，用自己的模范行为和高尚人格感召群众、带动群众，并且提出要把家风建设作为重要抓手，运用生活化的场景、日常化的活动、具体化的载体，推动社会主义核心价值观在家庭中生根。

就高职院校而言，把社会主义核心价值观融入文化育人全过程，一是要将社会主义核心价值观融入大学校园文化建设之中，要以社会主义核心价值观引领大学文化建设和师德师风、教风学风建设，形成独特的制度文化、学术文化、管理与服务文化和环境文化，增强文化育人的实效；二是要将社会主义核心价值观融入高职院校课堂教学，包括第一课堂、第二课堂甚至以互联网为媒介的第三课堂，尤其是思想政治理论课课堂，着力推动社会主义核心价值观进教材、进课堂、进学生头脑，要将社会主义核心价值观作为课堂教学的思想引领和重要内

---

① 习近平. 在全国高校思想政治工作会议上的重要讲话 [N]. 人民日报，2016-12-09.

容，增强学生对社会主义核心价值观的认知、认同，使其内化于心、外化于行，为保证文化育人的主阵地不偏离方向提供内容保障；三是要将社会主义核心价值观融入高职院校精神文化、物质文化、行为文化和制度文化的各个层面、各个方面、各个环节，从而营造全过程、全方位、立体式的文化育人氛围。

2. 社会主义核心价值观融入文化育人应坚持的原则

将社会主义核心价值观融入文化育人全过程，就是通过文化教育和行为活动有意识或无意识地施加给个体成员以潜移默化和持久的感染、教育、启示，在这个过程中受教育者逐渐将社会主义核心价值观内化为自己的价值观。

社会主义核心价值观融入文化育人首先要坚持育人为本的原则。社会主义核心价值观和文化育人在落实立德树人的根本任务和培育德智体美劳全面发展的时代新人的育人目标方面具有一致性。将社会主义核心价值观融入文化育人本质上是通过教育将其内化为"人"的精神信仰和人的精神品格的过程，因而必须始终关注"人"的发展。社会主义核心价值观融入文化育人还要坚持主导性和主体性相结合的原则。在"社会主义核心价值观+文化育人"的模式中，社会主义核心价值观主导文化育人的性质和方向，而人是教育的主体对象，文化育人是教育的主体内容，要提升育人效果，必须将社会主义核心价值观的主导性与人的主体性和文化育人的主体性有机结合起来。社会主义核心价值观融入文化育人还必须坚持理论与实践相结合的原则，马克思指出："理论在一个国家实现的程度，总是决定于理论满足这个国家的需要的程度。"[①] 文化育人需要构建一套行之有效的教育体系，整合不同的教育资源，遵照一系列的教育理念、教育方法、教育原则来指导进行，而社会主义核心价值观作为一种社会各个方面的价值准则，最终要转化为实践，只有实践证明真理达到了合规律性与合目的性的统一，真理才会为个人接受，并转化为内心信念，让人们在实践中感知它、领悟它、接受它，

---

① 马克思，恩格斯. 马克思恩格斯选集：第 1 卷 [M]. 北京：人民出版社，1995：11.

并将其内容内化为个人的精神追求、精神信仰和价值目标、价值取向，最后转化为行动，自觉地去践行。习近平指出："在当代中国，我们的民族、我们的国家应该坚守什么样的核心价值观？这个问题，是一个理论问题，也是一个实践问题。"① 在此，他强调的就是理论与实践相结合的问题。只有坚持育人为本的原则、主导性和主体性相结合的原则、理论与实践相结合的原则，才能更好地将社会主义核心价值观融入文化育人的全过程。

（二）在培育和弘扬社会主义核心价值观中发挥文化育人的作用

一定的价值观念以一定的文化为载体，有了文化的滋养和文化载体的传导，价值观才会真正感染人、影响人、转化人。任何一种价值观在全社会的确立，都是一个思想教育与社会孕育相互促进的过程，都是一个内化与外化相辅相成的过程。因此，积极培育和弘扬社会主义核心价值观，把社会主义核心价值观更好地贯穿于国民教育之中，就必须重视文以载道的功能，发挥好文化育人的作用。

1. 在积极培育和弘扬社会主义核心价值观中立足中华优秀传统文化

对于中华优秀传统文化在培育和弘扬社会主义核心价值观中的重要作用，习近平总书记指出："中华优秀传统文化已经成为中华民族的基因，植根在中国人内心，潜移默化影响着中国人的思想方式和行为方式。提倡和弘扬社会主义核心价值观，必须从中汲取丰富营养，否则就不会有生命力和影响力。"② 因此，他多次强调培育和弘扬社会主义核心价值观必须立足于中华优秀传统文化，并指出："牢固的核心价值观，都有其固有的根本。抛弃传统、丢掉根本，就等于割断了自己的精神命脉。博大精深的中华优秀传统文化是我们在世界文化激荡中站稳脚跟的根基。中华文化源远流长，积淀着中华民族最深层的精神追求，代表着

---

① 中央文献研究室. 十八大以来主要文献选编：中 [M]. 中央文献出版社，2016：3.
② 习近平. 用社会主义核心价值观凝心聚力：关于建设社会主义文化强国 [N]. 人民日报，2016-05-05.

中华民族独特的精神标识，为中华民族生生不息、发展壮大提供了丰厚滋养。"① 立足中华优秀传统文化，就要讲清楚中华优秀传统文化的历史渊源、发展脉络、基本走向，讲清楚中华文化的独特创造、价值理念、鲜明特色，从而增强文化自信和价值观自信。

在积极培育和弘扬社会主义核心价值观中立足中华优秀传统文化，还必须认真汲取中华优秀传统文化的思想精华和道德精髓，大力弘扬以爱国主义为核心的民族精神和以改革创新为核心的时代精神，要深入挖掘和阐发中华优秀传统文化讲仁爱、重民本、守诚信、崇正义、尚和合、求大同的时代价值，使中华优秀传统文化成为涵养社会主义核心价值观的重要源泉。要深入挖掘中华优秀传统文化蕴含的思想观念、人文精神、道德规范，结合时代要求继承创新，让中华文化展现出永久魅力和时代风采，只有继承和发扬中华优秀传统文化和传统美德，积极引导人们讲道德、尊道德、守道德，追求高尚的道德理想，才能不断夯实社会主义核心价值观的思想道德基础和文化基础。在积极培育和弘扬社会主义核心价值观中，还必须处理好对中华优秀传统文化的继承和创造性发展的关系，实现中华优秀传统文化的创造性转化和创新性发展，对那些具有民主性精华、与当代文化相适应和现代社会相协调的中华优秀传统文化，应继承弘扬，纳入社会主义核心价值观范畴，挖掘其时代价值，赋予新的时代内涵。只有这样，才能做到古为今用、推陈出新，有鉴别地加以对待，有扬弃地予以继承，以优秀传统文化为根基，弘扬中华文化思想精华、道德精髓，努力用中华民族创造的一切精神财富来以文化人、以文育人。

2. 在积极培育和弘扬社会主义核心价值观中发挥优秀文化产品和文化作品的育人功能

新时代，面对社会思想观念和价值取向日趋活跃、主流文化和非主流文化同

---

① 习近平. 在主持十八届中央政治局第十三次集体学习时的讲话 [N]. 人民日报，2014-02-26.

时并存、社会思潮纷纭激荡的新形势，如何巩固马克思主义在意识形态领域的指导地位，培育和践行社会主义核心价值观，巩固全党全国各族人民团结奋斗的共同思想基础，迫切需要更好地发挥文化作用。培育和弘扬社会主义核心价值观既是文化建设的重点，也是文化育人的核心内容和基本抓手。价值观是文化最深层的内核，在文化体系中居于统领和核心地位，文化作为一种教育资源，必须坚持积极健康的价值导向，在人才培养过程中实现价值塑造，引导学生树立科学的世界观、人生观、价值观，实现"拥护党、拥护社会主义，服务祖国、服务人民"的思想教育目标。在积极培育和弘扬社会主义核心价值观中，要清楚地认识到，中国独特的文化传统、独特的历史命运、独特的基本国情，注定我们必然坚守根植于中华文化沃土又具有当代中国特色的价值观。社会主义核心价值观，是社会主义先进文化的高度凝练和集中体现，也是当代优秀文化产品和作品，尤其是优秀精神文化产品和作品最深层的精神内核，具有以文化人、以文育人的显著特点，为积极培育和弘扬社会主义核心价值观提供精神指引和价值遵循，这也是社会主义核心价值观育人功能的价值体现。

优秀文化产品和作品，尤其是优秀精神文化产品和作品，是社会主义核心价值观的生动展示、形象表达和具体阐释，以真的追求、善的传播、美的展示、爱的付出，传递着积极的人生追求、高尚的思想境界和健康的生活情趣，它们润物无声，在育人方面有着重要凝聚力和感召力，实施着无言之教，成为培育和践行社会主义核心价值观的生动载体。发挥优秀文化产品和作品育人的重要功能，就要确立正确的价值坐标，正视思想多元、多样、多变的时代特征，加强社会主义核心价值观的时代内涵和现实针对性，就要提升文化产品的思想品格和艺术品位，用思想性、艺术性、观赏性相统一的优秀作品，弘扬真善美，贬斥假恶丑。加强对新型文化业态、文化样式的引导，让不同类型文化产品都能成为弘扬社会主流价值的生动载体。加大对优秀文化产品的推广力度，开展优秀文化产品展演展映展播活动、经典作品阅读观看活动。完善文化产品评价体系，坚持文艺评论评奖的正确价值取向。完善公共文化服务体系，提供均等优质的文化产品，开展多姿多彩的文化活动，丰富群众精神文化生活。因此，在积极培育和弘扬社会主义核心价值观中发挥优秀文化产品和文化作品的育人功能，一方面，要善于挖掘和使用那些传播当代中国价值观念、体现中华文化建设、反映中国人审美追求，思想性、艺术性、观赏性有机统一的优秀作品，发挥好中华民族优秀传统文化怡情养志的育人作用；另一方面，也要将内容丰富、形式多样的文化产品和作品作为承载社会主义核心价值观的有效载体，以社会主义核心价值观为引领，弘扬真善美，贬斥假恶丑，传递正能量，以习近平新时代中国特色社会主义思想为指导，贯彻党的教育方针，培养立志为中国特色社会主义奋斗终生的德智体美劳全面发展的人才。

三、发挥社会主义核心价值观的行为引领作用

高职院校对于社会主义核心价值观的培育，不仅要向学生灌输相关知识，使其获得理性上的认识，还要引导学生直面现实生活，获得感性上的体验。因为社会主义核心价值观是在中国特色社会主义实践过程中产生的，它是一个从实践到理论再到实践的生产过程，这里面包含了人们对这个概念的认识植根于历史、面向现实、着眼未来的理论提升和实践验证。高职院校在文化育人的过程中，必须注重"德"在现实生活中的指导作用。社会主义核心价值观作为高职院校德育的重要内容，不仅要在培育上下功夫，还要考虑到学生未来的社会贡献，将社会主义核心价值观转化为学生服务社会的一种动力，也就是必须使学生做到内化于心、外化于行。

（一）以社会主义核心价值观武装当代学生

一种理论有没有指导现实的动力，就看这种理论能否被广大人民群众所认可，成为人民群众改造现实世界的武器。马克思主义历来重视理论对现实的指导作用。用理论武装人民群众的大脑，理论才能变为改造现实的力量。马克思说：

"理论一经群众掌握，也会变成物质力量。"① 理论只有被人们认识和掌握，才具有指导价值和改变社会的功能。理论只有被人民群众所熟知、所使用，才能被人民群众所接纳和认可。只有选择了科学的理论做指导，人民群众的行动才不会迷失方向，才能沿着正确的道路追逐远大梦想。

社会主义核心价值观是一种价值遵循，也是一种科学理论。社会主义核心价值观是在马克思主义价值学说和中华优秀传统文化的基础上产生的，它必然具有深厚的马克思主义理论基础和中国传统哲学底蕴。首先必须让学生熟知社会主义核心价值观的理论内涵，从学理上认识到它的科学性以及它对现实生活的理论指导作用。将社会主义核心价值观的理论魅力化为一种理论力量去获得学生对它的认知和认同，以内化的方式使其成为学生的价值遵循。只有内化了，也就是马克思所说的"理论一经群众掌握"，社会主义核心价值观才能武装学生，成为学生外化于行的思想指南和精神动力。

（二）将社会主义核心价值观内化于心

大学阶段正是学生塑造"三观"的最佳时期。高职院校社会主义核心价值观的培育能够帮助学生重新定位自己的人生价值，形成远大的人生抱负。高职院校教育应该对学生进行一定的价值观引导，提升学生对社会主义核心价值观的理性认知，争取学生的高度认同，使其内化于心，成为学生坚定的内在信念。

1. 把对社会主义核心价值观的理性认识上升为学生的坚定信念

如果要让一种价值观具有稳定持久的效应，那对它的认识就不能停留在感性层面上。理性认识是对事物内在的本质的认识，只有这样的认识才能让人刻骨铭心，成为内心永恒的印记。社会主义核心价值观有其本质性的内容，必须将对社会主义核心价值观的认识上升至理性层面，才能吃透它的本质性内涵，将其内化到人的心灵深处，成为一种内在信念。人的认识的形成是分阶段的，社会心理学

---

① 马克思，恩格斯. 马克思恩格斯选集：第 1 卷 ［M］. 人民出版社，1995：9.

家凯尔曼·本将其分为三个阶段：第一阶段是模仿，第二阶段是认同，第三阶段是内化。并指出内化是人的认识的最高阶段，是最高级别的理性认识，也是人对外在对象的认识所形成的内在信念。对社会主义核心价值观的理性认识，也就是要求对社会主义核心价值观的认识要达到内化于心的高度，成为心中的一种信念。对于信念，习近平总书记指出："理想信念就是共产党人精神上的'钙'，没有理想信念，理想信念不坚定，精神上就会'缺钙'，就会得'软骨病'"。① 高职院校社会主义核心价值观的培育，就是将其培育成为学生的内在信念。学生只有把对社会主义核心价值观的理性认识上升成为自己坚定的内在信念，才能牢牢把握我国国情，抓住实现自己人生价值的机遇，充满自信地为社会做贡献。高职院校在进行社会主义核心价值观培育时，要结合学生的理想信念教育，"四个自信"教育，提升学生对社会主义核心价值观的理性认识，并将其内化于心，为走好新时代长征路立下必胜的信念。

2. 增强校园文化感染力，展现社会主义核心价值观精气神

良好的校园文化环境，是高职院校社会主义核心价值观培育的肥沃土壤。世界上的著名高职院校都有体现自己办学特色的文化底蕴，并由此产生属于自己校园特征的浓郁的文化环境。应我国国情的需要，我国高职院校应把社会主义核心价值观作为校园文化建设的重要内容，通过校园文化的渲染和透视，把社会主义核心价值观的精气神展现出来，达到社会主义核心价值观培育的效果。具体做法如下：第一，打造符合时代特征和本校特色的校园文化风貌，把无形的价值观念和道德风尚具体化、直观化，潜移默化地渗入社会主义核心价值观的培育中。如校训解读、校园网站建设、校报建设、校园文化活动设施建设等；第二，以道德大讲堂、读书会、主题班会、艺术展览等为载体，开展丰富多彩的文化实践活动，借此加大社会主义核心价值观的宣传和教育，以提高学生的综合能力和道德

① 习近平. 习近平谈治国理政［M］. 北京：外文出版社，2014：15.

素养；第三，利用重要节庆日，开展学术、艺术、体育、娱乐等校园文化活动，弘扬中国精神，培养学生的爱国主义情怀，激发学生的历史使命感。

3. 开拓内化社会主义核心价值观的多种渠道

对社会主义核心价值观的内化不能思想僵化、方式单一，要推陈出新，探索多种方式、多个渠道。当今时代是个信息化社会，微信、QQ 等新媒体平台已经成为人们获取信息，实现人与人交往、交流的重要渠道。"00 后"已经成长为新时代的大学生，他们是伴随着网络出生和成长的新一代。高职院校社会主义核心价值观的培育，除了采用传统的思想政治教育方法外，还应拓展采用与时代发展相匹配的多元化培育路径，结合学生特点，充分利用他们乐于接受的网络新媒体平台，研究信息化对意识形态的影响规律，弘扬正能量，塑造正确的价值观，实现社会主义核心价值观"润物细无声"的内化功效。

4. 对社会主义核心价值观的内化要实现从理性认知到认同的转化

对事物的理性认知只是对事物内在的本质的认识，还没有把对事物的认识转化为自己内在的一部分。只有对事物的认识由理性认知转化为认同之后，才可能将其纳入自己的内心世界。社会主义核心价值观是全体人民都应该遵循的价值准则，我们每个人不只是认识它，还要认同它，使之成为自己内心深处的一座灯塔。我国高职院校对社会主义核心价值观的培育一定要将其贯穿高等教育的全过程。高职院校思想政治理论课是传授和讲解社会主义核心价值观的主渠道，通过思想政治理论课的功能提高学生对社会主义核心价值观的认识和认同是不言而喻的。除此之外，高职院校的人才培养方案、课程建设、社会实践、党团活动、实习实训、学生管理服务等都要纳入课程思政的范围内，因事制宜，将其融入社会主义核心价值观的基本内容，使社会主义核心价值观潜移默化地内化到学生的价值塑造当中。同时高职院校还可借助文化传承与创新功能的发挥，深入挖掘中华优秀传统文化的深厚资源，将之进行现代化转化，与时代价值接轨，使之滋养学生的心灵，实现内心的认同。

（三）将社会主义核心价值观外化于行

高职院校社会主义核心价值观培育的目的是将学生的个人成长与远大抱负结合起来，在科学理论的指引下，使其用自己的行动去实现个人价值最大化。个人价值最大化的集中表现就是个人最大限度地投入到社会实践当中，尽可能地为自己的国家和人民做贡献。实现个人价值最大化是社会主义核心价值观的终极目标，是外化于行的生动描述。习近平总书记说："道不可坐论，德不能空谈。于实处用力，从知行合一上下功夫，核心价值观才能内化为人们的精神追求，外化为人们的自觉行动。"① 高职院校社会主义核心价值观的培育工作，要做好内化和外化的融合，积极推进实现社会主义核心价值观的外化效果，使之成为学生的自觉行动。

1. 教师要率先成为学生的引路人

在高职院校社会主义核心价值观的培育中，教师是传道授业者，教师必须发挥示范带头作用。学校要把社会主义核心价值观的基本内容和要求融入思政课程和课程思政的双向制度建设中，以制度化的方式要求教师严格按照社会主义核心价值观的基本原则行事，不要做台上台下的两面人，要做知行合一的先行者和引领者。一方面，教师要在课程教学中熟练掌握社会主义核心价值观的基本内容，揭示社会主义核心价值观的精神实质，为学生传道解惑，用理论的力量武装学生的思想，做社会主义核心价值观的传播者和教育者；另一方面，教师要在生活中努力提高自身的综合素质，按照社会主义核心价值观的基本要求和职业要求，加强理想信念教育，立志做一名爱岗敬业、保持高度自觉性和坚定性的好教师。同时，教师应用自己良好的师德师风和高尚的人格力量感化学生，为学生提供培育社会主义核心价值观的正能量。

---

① 习近平. 习近平谈治国理政 [M]. 北京：外文出版社，2014：15.

2. 加强价值观教育与生活体验的深度融合

高职院校社会主义核心价值观的培育要深入学生的实际生活当中，特别是学生参与的有意义的社会实践活动当中。比如社团活动是学生最常见的社会活动，学校可通过开展社团活动的机会融入学生社会主义核心价值观的培育工作。一方面，学校积极引导学生开展以服务社会为主题的志愿服务活动。青年志愿者可以到当地的福利院或者对学校周围的孤寡老人、留守儿童、困难居民、残疾人等弱势群体，有针对性地进行扶贫济困，努力营造"我为人人、人人为我"的社会风气。另一方面，青年志愿者还可以深入基层、社区甚至家庭，开展社会主义核心价值观新事物、新典型的宣讲活动。通过社团活动增强学生的集体主义意识，感受我国社会主义制度的优越性，提升对社会主义核心价值观内涵的认识，使得社会主义核心价值观的基本遵循自觉地落实到现实生活中。

（四）突出内化与外化相互作用的双重效果

如同理论与实践的相互作用一样，社会主义核心价值观的内化和外化也是一个相互作用的过程。内化离不开实践的养成，只有在实践养成之后才能更好地促进外化。高职院校要为社会主义核心价值观的培育提供恰当的实践平台，比如为培育学生社会主义核心价值观设置长期稳定的教学实践基地，通过实地考察让学生感受社会主义核心价值观的现实价值；思想政治理论课可以以拍微视频或撰写微评论的方式开展社会主义核心价值观主题教育教学活动。这些平台和渠道可以提高社会主义核心价值观理论教学的实效性，提升学生对社会主义核心价值观这一理论的认同，进而使之成为指引学生行为的价值观导向。学校将校内课堂教学与校外实践教学有机结合，是学校实现社会主义核心价值观内化与外化双向互动的重要体现以及重要途径。

三、坚持价值构建与文化引领双管齐下

为了紧跟时代步伐，更好完成"立德树人"的根本任务，高职院校的改革

势在必行，学校的建设重心应向内涵式发展转化，这就需要用大学文化建设来作为引领，在办学理念、办学特色和办学定位上，要用文化建设来浇筑和凝练，要把大学文化建设体现在完善学校制度设计上，体现在富有品味的校园风貌上，体现在凝聚高层次创新人才上，体现在培养德才兼备的未来创新人才上。通过大学精神文化、制度文化、环境文化建设，克服大学发展中存在的功利性、趋同性、合力和活力不强等问题。以文化人，唤醒学生的民族精神和时代精神，提升学生的文化自信意识，引导学生以社会主义核心价值观为价值取向，树立正确的价值观和人生目标导向，不断提升自己的综合素质，立志为中华民族伟大复兴而奋斗终生。

（一）优秀文化引领育人特色发展之路

高职院校作为文化传承、传播、发展和创新的重要基地，也是高文化高素养人才的集中地，其本身具有天然的文化优势，对社会成员的文化认知和养成具有高度的辐射和引导功能。学校教育实际上就是一种文化教育和熏陶。一般而言，学校文化具有狭义和广义之分。狭义的文化就是指精神文化，广义的文化既包括精神文化，也包括制度文化和环境文化。精神文化主要是指高职院校在办学理念、办学目标、办学传统、办学战略等层面上的各种意识观念形态的集合；制度文化主要是指学校规章制度、运行机制和师生行为规范等以条文形式体现出来的有组织的规范体系；环境文化主要是指学校的整体规划、建筑风格、纪念性标志、校园网络、媒体、人际关系、文化生活等展现出来的校貌、校风、学风、教风、行风和党风等一系列校园人文资源。

高职院校文化在学校教育中具有很重要的作用，主要体现在五个方面：

（1）具有明确的导向作用。文化就像校园中的一面旗帜，一所高职院校的文化氛围能够反映出这所高职院校的办学理念和育人模式。在高职院校文化生态中存在着不同的文化，这些不同的文化蕴含着不同的价值观导向。高职院校文化就在于以积极向上的主导文化去教育和影响学生，使学生能够选择正确的文化，抵制一些消极文化，在多元文化碰撞中，能辨别是非，树立正确的价值观，指引自己的人生方向。同时高职院校文化也在指引着这所学校的办学特色和办学方向。学校的一切发展规划、目标培养、教学体系、规章制度等都与这所学校的文化存在着很大关系。

（2）具有强烈的凝聚激励作用。高职院校文化具有一定的凝聚力量。学校文化涵有共同的价值观取向，能够起到凝聚人心的作用。学校进行的文化活动往往是一种比较集中的活动，这样的文化活动可以培养一定的团队精神和协作精神。文化还是学校可持续发展的精神动力，是学校师生生活和学习的精神食粮，浓厚的校园文化能够渗透到师生员工的心灵深处，转化成个体和群体可持续的精神力量，从而激发学生积极学习，为实现自我的最大价值而奋发图强。

（3）严格的规范作用。学校文化对学生的思想观念，行为方式具有一定的约束性，其目的就是引导学生的言行能够符合高职院校文化建立的价值规范标准。学生的学习和生活深受高职院校文化的影响。学校文化中蕴含的精神、信念、习惯、道德风尚等思想精髓内化于学生的内心深处，于无形之中产生一种强制性的规范教育，使学生能不自觉地被高职院校文化中一些价值观念所影响。学校文化一旦得到学生的广泛认同，学生就会以文化中的价值遵循为参照进行自我约束和疏导，同时对基于文化认同中达成的各种约束措施和规章制度进行自觉地遵守。

（4）潜移默化的熏陶作用。学校教育不仅是知识的传授，还有文化的陶冶。长期处于良好的文化环境之中，人们的思想就会积极向上，全身充满正能量，人就会很有精气神。学校文化是高职院校教育最好的教材、最好的课堂、最好的老师。和谐上进的学校文化能够将学生的思想情感渗透到校园文化环境和生活之中，培养出学生的归属感和认同感，对母校产生深深的感情。虽然今天的网络教育已十分普遍，但网络教育远远不及高职院校文化教育，其原因就是网络教育只是一种虚拟教育，是单一的知识传导过程，让人们感受不到一种文化氛围。学校文化通过价值观的塑造，心灵的感化，个人能力的培养，全面提升学生的思想道德修养和综合能力，为社会锻造出真正的合格人才。

（5）鲜明的识别功能。由于不同学校的办学理念不同，其具有的文化也不同。学校文化是不同高职院校之间相互识别的重要标志。我国许多高职院校虽说都是综合性大学，但每所学校的侧重点不同，其所蕴含的文化思想也具有很大的差别。

（二）先进文化引领教育发展改革之路

高职院校传承和发展的文化是优秀的文化、先进的文化。中华优秀传统文化和社会主义先进文化都是学校文化的重要内容。高等教育是优秀文化传承的重要载体和思想文化创新的重要源泉。文化的传承和发展是学校承担的重要任务，我国高职院校肩负的是发扬和发展中国特色社会主义文化的历史使命。用先进的文化引领高职院校科学发展是学校文化教育理念的重要体现。

高职院校文化是高职院校教育性质和特征的主观反映，其核心要义就是要回答高职院校是一个什么样的状态的问题。学校文化不仅包括教育知识的传播和疏导、学术思想的传承和创新，还包括学校与社会之间的相互作用。学校文化是自主、自由、开放的文化，是理性主义、崇尚科学的文化，是与社会保持紧密联系，对社会具有引领作用的文化，是具有传播、传承、弘扬和创新精神的文化。

高职院校发展的历史也说明，以深厚的大学精神为核心内容的学校，才能称得上是一所优秀的学校，拥有大学精神的文化才能称其为高职院校文化。高职院校文化的基本特征决定了大学精神应当以学术研究为中心，把学术研究作为学校的核心要素，以学术水平来提升教学质量。正如哈佛大学校长科南特曾说："大学的荣誉，不在于它的校舍和人数，而在于它一代又一代人的质量。"高职院校的重要使命就是培养出知识和技能的先驱者，通过他们的知识创新和技术创新来丰富促进社会的发展和生产的进步。高职院校利用先驱者们留下的宝贵财富来传承人类文明和培养一代代新人，通过后来人的社会参与来直接推动社会各方面的发展。

高职院校文化是学校人文精神的重要载体，学校文化的传承和创新决定着高职院校的精神面貌。高职院校应从文化制度层面和文化治校层面不断完善学校工作中的治理体系，确立学校的办学指导思想，把先进、优秀的文化保存下来，发扬光大，并在此基础上不断地对先进、优秀的文化进行创造性发展，实现自身的突破和超越。

用先进、优秀文化引领高职院校文化建设，这是由我国的社会主义性质和我国高职院校的根本任务决定的。我国是社会主义性质的国家，我国高职院校要肩负起为我国的社会主义现代化建设事业输送合格建设者和接班人的任务。我国高职院校能否培养出符合国家要求的建设人才，将直接关系到我国的社会主义现代化建设进程，以及在国际市场中的竞争力和影响力，这对于实现中华民族伟大复兴的中国梦将产生重要影响。高职院校文化是校园人文精神的具体体现，是我国社会主义意识形态的深刻反映，学生的校园生活，尤其是学生价值观的树立，与学生将成为一个什么样的人的关联十分密切。

从这个意义上说，高职院校文化能不能继承和发扬社会主义先进文化和中华优秀传统文化，容纳吸取一切外来的先进、优秀文化，不断地积淀和丰富自己的文化资源，提升自身的文化涵养，这对于建设中国特色社会主义文化，以及为中国特色社会主义伟大事业培养高端人才具有重大意义。用先进、优秀的文化引领高职院校文化建设，是高职院校着眼于国情和世情的高瞻远瞩的眼光。21 世纪是中华民族伟大复兴的世纪，是参与世界综合国力竞争的世纪，不论是民族复兴还是国力的较量都需要高素质的人才。文化作为上层建筑，是经济基础的深刻反映，一个国家经济的发展，离不开文化给予的强大的支撑和服务。而文化是人创造的，文化的主体是人。高职院校以文育人是学校文化建设的根本目的。高职院校文化建设对学生综合素质的塑造起着潜移默化的促进作用，用先进、优秀的文化来提高学生的文化素养是学校教育的重要手段。高职院校文化建设，应该把先进、优秀的文化作为夯实学校文化底蕴的重要精神力量，以此来提高学生的文化认知和文化认同感，使先进、优秀的文化在学校整个文化发展的轨道上并力前行，成为高职院校教育的强大推动力。

（三）践行社会主义核心价值观培育，打造文化育人环境

文化的内涵丰富，纷繁复杂，而文化的核心是价值观。中国人民经过艰辛的实践和探索所构建出来的社会主义核心价值观是汇聚中华民族几千年来思想精髓的集中体现，是中华民族文化的精神标识。通过培育社会主义核心价值观，能够达到传承和弘扬中华优秀传统文化，提升人们文化素养，提高人们道德品质，实现价值观塑造的目的，从而增强人们的文化自觉和文化自信。

高等教育的价值理念来自对社会价值理念的透视和深化，是社会价值理念在高职院校的生动反映。社会主义核心价值观是在中国特色社会主义伟大实践中产生和形成的，集中体现了中国特色社会主义制度下的价值遵循和文化特质。社会主义核心价值观对马克思主义价值学说做出了进一步的丰富和发展，作为马克思主义中国化的重要理论成果，构成我国社会主义精神文明建设的重要组成部分。高职院校作为精神文明生产的重要基地，是培育社会主义核心价值观的重要载体。

高职院校社会主义核心价值观的培育，能够挖掘高职院校文化的精神内涵，激发高职院校文化的内在动力，增强高职院校文化的育人功能。我国高职院校要具有深厚的文化底蕴，必须把社会主义核心价值观中的文化力量释放出来。中华优秀传统文化可以给予社会主义核心价值观深厚的滋养。没有对中华优秀传统文化进行源源不断的挖掘，社会主义核心价值观就会断了活水源头，就会失去生命力和动力。高职院校培养出来的人才，不仅要具有高超的专业技术，还要具备高尚的道德修养和坚定的理想信念。把民族精神、时代精神连同德育一起渗透到学生的全程教育之中，这是高职院校育人的基本要求，也是高职院校文化建设的基本要求。将社会主义核心价值观贯穿于高职院校文化建设的整个过程，能够引导

高职院校文化建设始终沿着正确的方向前进，使高职院校形成具有中国气派的校园文化环境。

学生肩负着民族复兴和国家富强的重要使命，承载着实现中华民族伟大复兴的历史大任。高职院校培养高质量人才，不仅要把社会主义核心价值观作为学生树立正确世界观、人生观、价值观的指引，而且也是树立正确国家观、民族观、历史观、文化观的指引。把社会主义核心价值观融入高职院校文化育人和文化建设之中，能够帮助学生深入了解和掌握中华民族复兴史，中国文化发展史，中国共产党奋斗史，帮助学生践行青春箴言，追逐人生理想，努力"为中华之崛起而读书"。社会主义核心价值观进校园、进课堂、进课本、进学生日常生活，进入学生的认知世界，能够指引学生日常行为习惯的养成，在学生生活圈中形成良好的人文环境。加强高职院校以文育人的价值观导向，通过社会主义核心价值观对学生进行潜移默化的影响，增强高职院校文化的向心力、凝聚力、感召力，提升高职院校育人与社会用人的有效衔接，推动构建和谐的社会文化氛围。高职院校通过文化建设进一步加强文化自信的宣传教育，通过文化自信的引领，树立学生的民族自豪感和自信心，使学生自觉地从社会主义核心价值观的培育者走向践行者，坚定走自己的道路，追逐自己的理想，让人生出彩，为国家添彩。

第六章　以中国革命文化引领高职院校文化育人工作

第一节　中国革命文化的概念与时代价值

中国革命文化形成于特殊的历史时期，是具有中国特色、中国风格、中国气派的文化，是彰显中国共产党人坚定理想信念和崇高价值追求的文化，具有深厚的历史性内涵、独特的精神价值、厚重的历史意蕴。将中国革命文化融入新时代文化育人体系中，能够引导受教育者传承中国革命文化，营造良好的育人氛围，使之成为新时代文化育人的牢固的"压舱石"。新时代文化育人，一定要充分重视和发挥中国革命文化在培育社会主义时代新人中不可替代的"压舱石"作用。

一、中国革命文化的概念

"革命文化"这一概念，最早出现在《新民主主义论》中，有广义和狭义两种理解。从广义上讲，中国革命文化是指源起于"五四"新文化运动，奠基于中国共产党成立，形成于新民主主义革命时期，繁荣发展于社会主义建设和改革开放时期，是党带领人民在革命、建设、改革进程中创造的文化；从狭义上讲，中国革命文化特指新民主主义革命时期形成的独特文化，主要指的是"新民主主义的文化"。本书主要侧重于狭义概念上的中国革命文化。

（一）中国革命文化的内涵

习近平总书记在党的十九大报告中指出："中国特色社会主义文化，源自中华民族五千多年文明史所孕育的中华优秀传统文化，熔铸于党领导人民在革命、建设、改革中创造的革命文化和社会主义先进文化，根植于中国特色社会主义伟大实践。"① 这一重要论述表明，中国革命文化是中国共产党传承和弘扬中华优秀传统文化、引领和践行中国先进文化的集中表现，也是中国共产党作为马克思主义政党的文化选择和文化建构，是滋养中国共产党人不忘初心、继续前进的力量源泉。

1. 中国革命文化以马克思主义为指导

马克思主义是揭示客观世界特别是人类社会发展一般规律的科学，恩格斯指出："马克思的整个世界观不是教义，而是方法。它提供的不是现成的教条，而是进一步研究的出发点和供这种研究使用的方法。"② 19 世纪中期，马克思主义在欧洲诞生后，历经半个世纪，由一个"幽灵"成为无产阶级革命学说，并指导苏联十月革命成功，用真理的光芒昭示了中国革命未来的方向。于是，在 20 世纪的东方中国，中国共产党将马克思主义理论写到自己的旗帜上，为实现共产主义远大理想，带领人民开展了不懈的斗争，担负起救中国人民于水火中的重任，做出了重大牺牲。中国革命实践与中国革命文化的形成发展，始终离不开马克思主义的指导，其蕴含的核心要素都来源于马克思主义的理论观点，包含着马克思主义中国化的丰富内容。中国革命文化中坚定的理想信念是革命实践取得胜利的重要保证，是中国革命文化的核心要素之一，集中体现了马克思主义的立场、观点和方法；以人民为中心的理念，是中国革命文化中蕴含的鲜明的群众观念，这一观念体现了马克思主义的根本立场；作为中国革命文化核心要素之一的

---

① 习近平. 决胜全面建成小康社会夺取新时代中国特色社会主义伟大胜利——在中国共产党第十九次全国代表大会上的报告 [EB/OL]. 新华网，2017-10-18.

② 马克思，恩格斯. 马克思恩格斯文集：第 10 卷 [M]. 北京：人民出版社，2009：691.

实事求是的思想路线，深刻反映了马克思主义辩证唯物主义和历史唯物主义的基本观点。由此可见，中国革命文化中始终贯穿着马克思主义基本原理，尤其是其辩证唯物主义和历史唯物主义观点。

在新民主主义革命时期，马克思主义与中国传统文化渐渐融合并发展，产生了符合革命时期的独有文化，即中国革命文化。毛泽东在中共六届六中全会上强调："使马克思主义在中国具体化，使之在其每一表现中带着必须有的中国的特性，即是说，按照中国的特点去应用它，成为全党亟待了解并亟须解决的问题"①。他同时指出，自从中国人学会了马克思主义列宁主义以后，中国人在精神上就由被动转入主动。从 1921 年到 1949 年，中国共产党领导人民群众经过艰苦奋斗，终于取得了新民主主义革命的胜利，它反映了马克思主义在中国生根发芽、开花结果的过程。在中国新民主主义革命中，以毛泽东为代表的中国共产党人，以卓越的理论自觉、实践自觉和历史自觉，使马克思主义在中国大地落地生根，作为马克思主义中国化的第一个理论成果，毛泽东思想的形成与发展，既继承了马克思主义的基本原理，又极大地丰富和发展了马克思主义理论宝库。马克思主义是中国革命文化鲜明的底色，是中国共产党领导中国人民在马克思主义的指引下取得民族独立的见证，彰显了中国共产党和中国人民在异常艰险的革命斗争中对马克思主义的信仰与坚守。中国革命文化既见证了"没有共产党就没有新中国"的历史，也见证了中国共产党在革命斗争中对马克思主义信仰一以贯之的坚守。

2. 中国革命文化蕴含伟大的革命精神

中国革命文化是在中国共产党人的带领下始终坚持以马克思主义为指导，反映当前的革命现实，代表着人民的革命诉求，在革命实践中不断凝聚共产党人和革命群众所特有的思想，形成伟大而丰富的革命精神。所谓中国革命精神，是指

---

① 毛泽东. 毛泽东选集：第 2 卷 [M]. 北京：人民出版社，1991：534.

新民主主义革命时期，中国共产党领导中国人民在艰苦的中国革命实践过程中创造的优良传统和革命风范的概括和总结，它集中反映了中国革命的性质以及中国共产党人高尚的政治品格、坚强的意志品质、崇高的革命理想、英雄主义的献身精神、坚定的马克思主义信仰和伟大的人格。中国革命精神是中国革命文化的核心组成部分。生生不息的中国革命文化孕育于中国共产党人为中国人民谋幸福、为中华民族谋复兴的初心中，形成于中国革命的伟大实践之中，它是中华民族历史文化的宝贵精神财富，象征着执着的精神追求、高尚的精神品格和强大的精神力量，已经成为实现民族复兴的强大精神动力和文化支撑。

习近平总书记强调，共产党人作为革命者，不能没有革命精神，更不能"丧失了革命精神"。在数十年的革命岁月中，我们党创造了众多具有深厚中华民族底蕴和鲜明无产阶级特色的革命精神，形成了一个革命精神谱系，如以"开天辟地、敢为人先，坚定理想、百折不挠，立党为公、忠诚为民"为核心的红船精神；以"胸怀理想、信念坚定"为核心的井冈山精神，以"不怕牺牲、前赴后继，勇往直前、坚韧不拔，百折不挠、克服困难"为核心的长征精神，以"坚定方向、实事求是、服务人民、自力更生、艰苦奋斗"为核心的延安精神，以"同仇敌忾、共赴国难、前赴后继、不屈不挠"为主题和以"爱国主义"为核心的抗战精神，以"实事求是"和"两个务必"为核心的西柏坡精神以及不畏牺牲、乐于奉献的大无畏革命精神，坚忍不拔、勇往直前的奋斗精神，自力更生、艰苦奋斗的创业精神等。正是有了这些伟大的精神，中国革命的道路才能不断地向前推进，最终获得新民主主义革命的胜利。

（二）中国革命文化的特质

中国革命文化体现了崇高的革命品质、高尚的大众情怀、伟大的实践品格，这些都成为中国革命文化的重要特质，中国革命文化的强大生命力体现在其鲜明的精神特质中。

1. 崇高的革命品质

中国革命文化是中国共产党在中国革命时期运用马克思主义理论领导中国人民为完成党的政治追求和实现党的历史任务而不断开拓创新、艰苦奋斗的文化结晶，它诞生于艰苦的革命战争年代，蕴含着中国共产党人和中国人民不畏艰险、不怕困难、艰苦奋斗、坚忍不拔、英勇顽强的革命精神。当中国革命处于低潮时，他们不气馁，不退却，对革命充满"星星之火可以燎原"的信心；在强敌面前，他们不胆怯，不畏惧，不怕牺牲，英勇善战，坚定"胜利必将到来"的信念；遇到经济困难，全党全民齐努力，发扬"自己动手，丰衣足食"的精神，克服困难。在学习上，反对教条主义、本本主义，一切从实际出发，实事求是，树立了理论联系实际的学风，将马克思主义与中国革命实际相结合、与中国传统文化相结合，实现了马克思主义中国化；在工作上，不怕苦不怕累，全心全意为人民服务，吃苦在前，享受在后，不侵犯群众利益，不搞特殊化，坚持群众路线，保持与人民群众的血肉联系。

这些崇高的革命品格表现在不同的革命时期。中国共产党成立之初，带领人民群众经过艰辛的探索，开辟了农村包围城市、武装夺取政权的中国革命道路，开辟了广阔的农村革命根据地，把落后的农村变成了中国革命的摇篮；在艰苦卓绝的抗日战争中，中国共产党领导人民群众不畏强敌，不惧艰险，团结一切可以团结的力量，英勇抗击日本侵略者，取得了抗日战争的伟大胜利；在新民主主义革命胜利的前夕，毛泽东在西柏坡号召全党"务必保持谦虚、谨慎、不骄、不躁的作风，务必保持艰苦奋斗的作风"，警醒共产党人不能丧失革命意志和革命品格；在中华人民共和国成立初期，中国共产党人秉持革命品格，克服万难，独立自主，自力更生，百折不挠，冲破了西方国家的封锁，经受住重重的考验，克服了"左"倾的影响，取得了社会主义建设的初步胜利。

2. 高尚的大众情怀

中国革命文化是中国共产党领导人民群众在谋求人民解放和人民群众的根本

利益的革命实践中锻造的，其中蕴含着以人民为中心的高尚的集体主义情怀，这是中国革命文化的重要特质之一。以毛泽东为代表的中国共产党人，深谙历史唯物主义的精髓，坚持以人民为中心的立场，把人民的利益放在第一位，创造性地提出了党的群众路线，即"一切为了群众，一切依靠群众，从群众中来，到群众中去"的思想路线，并得出"人民，只有人民，才是创造世界历史的动力"的结论，并成为中国革命胜利的重要法宝。

人民群众是革命实践的主体，毛泽东同志曾指出："革命文化，对于人民大众，是革命的有力武器。"① 没有革命的理论，就不会产生革命的运动和反抗。在艰苦卓绝的革命斗争和曲折艰辛的探索中，中国共产党结合革命不同历史阶段的目标与任务，充分坚持和尊重人民群众的社会历史主体地位，把马克思主义与中国革命实践相结合，坚持用革命理论武装干部群众的头脑，系统地领导人民群众在以不同方式参与民族独立、人民解放的革命事业的过程中，共同创造了革命文化。中国革命文化是由中国共产党领导和组织人民群众创造的，正是有了中国共产党的坚强领导，才有了中国革命，才孕育形成了中国革命文化。

3. 伟大的实践品格

马克思主义认为，实践是认识的来源。中国革命文化来源于伟大的革命实践，革命实践是中国革命文化发展的动力，有革命斗争实践才有革命成功。在党和人民伟大斗争中孕育的中国革命文化，是在中国共产党带领中国人民争取自由和解放历程中形成的，又在革命实践中不断加以创新和完善。中国共产党人创造的中国革命文化源于中国共产党领导人民进行的新民主主义革命和社会主义革命的伟大实践。这个伟大实践，既体现为党的各级领导人和党员的个人成长，也体现为党在不同时期完成相应目标的组织奋斗，同时还体现党为自身确保目标实现而进行的自我革命和理论创新。中国革命实践孕育了中国革命文化，中国革命文

---

① 毛泽东. 毛泽东选集：第 2 卷 [M]. 北京：人民出版社，1991：708.

化是人民大众在长期革命实践中亲手创造出来的精神文化产物，也是中国革命实践的光辉产物，与革命的发展历程交相辉映。

中国共产党领导中国人民夺取中国革命胜利的历史，是一部苦难与辉煌并存的历史。近代以来，中国遭受的苦难之深重、付出的牺牲之巨大，在世界历史上都是罕见的。同时，中国所取得的进步之伟大、成就之辉煌，在世界历史上也是罕见的。中国革命文化作为这段历史的文化沉淀，记录了中国革命百折不挠的奋斗历程，再现了可歌可泣的英雄伟业，展示了充满神奇的史诗篇章。习近平总书记强调，"对我们共产党人来说，中国革命历史是最好的营养剂。多重温我们党领导人民进行革命的伟大历史，心中就会增添很多正能量"①。由此可见，一部中国革命文化的产生发展史，就是一部中华民族争取民族独立、人民解放和国家富强的斗争实践史。

（三）中国革命文化的表现形态

中国革命文化是在长期革命实践中积淀的物质文化与精神文化的总和，蕴含着厚重的革命内涵和丰富的革命精神。它既包括见证革命历程的遗址遗迹、纪念物等物质性革命文化成果，也包括在中国革命过程中凝结的革命精神和创作的革命文艺作品等非物质性革命文化成果，是物质文化、精神文化和制度文化的有机统一体。

1. 物质性革命文化

新民主主义革命时期，中国共产党领导全国人民进行了二十多年艰苦卓绝的革命斗争，在各地留下了大量革命遗址遗迹和实物资源。这些物质性革命文化资源，既是著名的红色旅游景区，也是人们进行革命传统教育和革命道德教育的重要场所，更是对青年学生进行思想政治教育和社会实践教育的重要基地。物质性革命文化往往以革命活动遗存展现于世。革命遗存是指中国共产党成立以来在革

---

① 习近平. 中国革命历史是最好的营养剂 [N]. 人民日报，2013-07-17.

命过程中留下的遗址、遗迹和各种纪念性建筑及具有革命意义的文化符号的总称，是革命文化的物质载体，主要包括党的重要机构、重要会议旧址、重要人物活动地、重大战斗遗址遗迹、具有重要影响的烈士事迹发生地、遗留物、烈士陵园等；还包括革命人物故居和旧居，主要是在历史上有重要影响的革命人物曾经居住过、生活过或战斗过的地方；也包括革命纪念碑、纪念塔、纪念堂、纪念馆、革命博物馆、革命历史文物馆、红色文化广场等纪念性建筑或雕刻；另外还有一些以体现革命意识形态的符号系统为代表的革命刊物、革命票证、革命旗帜等，以文字、图形等为表现形式的文化系统。作为中国革命文化的物质形态和外在表现形式，革命遗存承载着无数先辈的动人事迹、优良传统和革命精神，见证和凝结着党的光荣历史。

2. 精神性革命文化

在革命战争年代，中国共产党领导中国人民在革命实践中克服千辛万苦所表现出的伟大革命精神、革命战争中涌现出的可歌可泣的革命英烈的伟大献身精神、创作于革命战争年代或以革命文化为题材的文艺作品所表达的崇高道德精神等，都属于精神性革命文化。新民主主义革命时期，在中国共产党的领导下，中国大地上发生了一系列重大革命事件，如中共一大会议的召开、土地革命、八七会议、南昌起义、秋收起义、广州起义、红军长征、平型关战役、中共七大会议召开、土地改革、三大战役等，其中蕴含的红船精神、井冈山精神、苏区精神、长征精神、延安精神、西柏坡精神等，都是精神性革命文化的重要表现形式。在革命战争年代，无数革命英烈如夏明翰、方志敏、赵一曼、狼牙山五壮士、张思德、刘胡兰、董存瑞等，为了革命的胜利和民族的解放抛头颅、洒热血，在革命斗争中留下了宝贵的"坚定信念、不怕牺牲"的精神财富。另外，在革命战争年代还创作出了大量以革命文化为主题或题材的优秀文艺作品，如革命标语、革命诗词、革命题材的小说、革命歌曲、革命故事、革命题材的影视作品等，这些也都是精神性革命文化的重要组成部分。

3. 制度性革命文化

新民主主义革命时期，中国共产党领导人民进行了大量的制度建设和政权建设，从第一次国内革命战争时期的罢工工人代表大会和农民协会到第二次国内革命战争时期的工农兵代表苏维埃，从抗日战争时期的参议会到新中国成立前各地普遍召开的各界人民代表会议等等，创建了一系列组织制度和政治制度，制定和颁布了各种法律制度、经济制度、政治制度及各种关系准则等，这些都属于制度性革命文化。中国共产党在各个革命时期领导人民创设的革命制度，对当时的革命胜利作出了重要贡献。如三湾改编时，毛泽东确立的"支部建在连上""官兵平等"等治军方略，从政治上、组织上、体制上确立了党对军队的绝对领导，将一支旧式军队与以农民武装为主要成分的部队，建设成为新型人民军队；井冈山革命斗争时期，毛泽东为人民军队规定了"三项纪律"，不久又提出了"六项注意"，后来发展为"三大纪律、八项注意"，对加强军队建设，提高军队战斗力，维护广大人民群众利益，密切军民关系，增强官兵团结起了重大的作用；土地革命时期，中国共产党制订了一系列有关土地改革的制度和法律规章，废除了封建剥削的土地制度，解放了农民，壮大了革命力量；抗日战争时期，中国共产党提出了抗日民族统一战线，根据地的抗日民主政权在人员组成上实行了"三三制"政权形式，进一步巩固和扩大了抗日民族统一战线；解放战争时期，为了团结各阶层人民推翻"三座大山"，中国共产党实行了人民民主统一战线，在国民党统治区开辟了第二条战线；等等。这些制度性革命文化，为保证革命的胜利提供了制度性保障。

（四）中国革命文化与红色文化

从本质意义上看，中国革命文化与红色文化是一致的，相对而言，红色文化是更形象的表述。"要发扬红色传统、传承红色基因，用革命文化传播和滋养社会主义核心价值观"①，红色文化与革命文化联系紧密。

1. 中国革命文化的"红色"性质

中国革命文化是中国共产党从红船到井冈山，从苏区到长征，从延安到西柏坡，在不同历史阶段和不同革命区域，形成的以中国革命精神为核心的文化形态，是在党和人民伟大斗争中孕育的，是无数革命先烈的鲜血和生命铸就的，也铸就了中国共产党人独特的红色基因。中国革命文化有别于其他文化形态的根本点就在于中国革命和斗争实践为它铺就的红色底色，永远闪耀着"红色"光芒。正是革命烈士的鲜血铺就了中国革命的底色，才有外国人眼中的红色中国，才有中国人心中的红色政权、红色旗帜，才有今天的红色土地、红色文化。

红色具有强烈的象征意义，是血与火的颜色，中国人民赋予其特定的文化内涵，象征希望、热烈、勇敢、创造、奋斗、牺牲等，红色也是中国共产党党旗、中国人民解放军军旗、中华人民共和国国旗、中国少年先锋队队旗的颜色，这种特定的颜色及其象征意味，与中国共产党人的理想信念、革命精神、品格情操和价值诉求相得益彰。无论是革命战争年代中的对革命有着一定影响的革命志士和为革命事业牺牲的革命烈士，还是革命志士或烈士所用之物，也包括他们生活或战斗过的革命旧址，还是有着重大影响的革命活动或历史事件及所体现的革命精神，无不烙上了"红色"印记。党的十八大后，习近平总书记高度重视革命文化传承和建设，遍访西柏坡、井冈山、沂蒙山、古田、延安、遵义等革命圣地。党的十九大后，习近平总书记又带领中共中央政治局常委，瞻仰上海中共一大会址和浙江嘉兴南湖红船，强调要发扬红色资源优势，深入进行党史军史和优良传统教育，把红色基因一代代传下去。

2. 红色文化的"革命"属性

红色文化是指在新民主主义这个特定的历史时期，全国各族人民在中国共产

---

① 刘奇葆. 用革命文化传播和滋养核心价值观——在纪念遵义会议召开80周年大会上的讲话 [N]，新华每日电讯，2015-01-16.

党的领导下，以马克思主义为指导，以革命精神为核心，在长期的革命实践过程中，不断理论联系实际，在对传统文化和中外优秀文化思想进行"取其精华、去其糟粕"，"去粗取精、去伪存真"的基础上所形成的、具有中国特色的先进文化。它是广大人民群众在中国共产党领导下，走出半殖民地半封建社会、实现中华民族的独立与解放、步入社会主义社会的历史进程中和新中国社会主义"三大改造"时期，在整合、重组、吸收、优化古今中外的先进文化成果基础上，以马克思列宁主义的科学理论为指导而生成的文化精神和文化形态。红色文化包括红色小说、红色电影、红色歌谣以及近年来推出的红色旅游等等，也包括一系列的革命文献、文物、革命歌曲以及凝结在其中的革命精神和革命传统。红色文化是以红色理论成果、红色历史叙事、红色人物事迹、红色文艺作品、红色旧址遗物等为表达形式，所展现出来的红色观念体系和红色精神成果体系。红色文化有别于其他文化的根本点就在于"红色"，它不是"红色"和"文化"两个词语的简单相加，而是将红色文化中具有革命意义的鲜明的政治立场、崇高的价值取向、深厚的群众基础、坚决的奋斗精神等，与中国革命实践有机地整合在一起。

红色文化提炼和凝聚了中国共产党人的革命精神并在中国革命、建设和改革开放的实践中得以传承，其最根本的特征是弘扬"红色"主旋律。新民主主义文化是红色文化的主流，社会主义初级阶段先进文化是红色文化的传承、丰富与发展。红色文化由于产生于革命战争年代，忠实地记载了中国共产党为人民利益而艰苦奋斗的历程，以革命精神和革命传统为精神内核和价值取向，因而具有强烈的革命性。2014 年，习近平总书记在视察原南京军区机关时强调指出，要把红色资源利用好、把红色传统发扬好、把红色基因传承好。红色文化作为一种重要资源，无论是表现于物质层面的遗物、遗址等革命历史遗存与纪念场所等，还是表现于精神层面的红船精神、井冈山精神、长征精神、延安精神等红色革命精神，抑或以红色革命道路、红色革命文化和红色革命精神为主线的集物态、事件、人物和精神为一体的内容体系，无不展现了革命先辈的高尚品德和中华民族的优良传统，无不打上了"革命"的烙印。

二、中国革命文化的当代价值

中国革命文化是具有独特时代价值的文化样态，是中国革命历史进程的见证，也是中国特色社会主义建设的精神引领。党的十九大报告明确指出："继承革命文化，发展社会主义先进文化，不忘本来、吸收外来、面向未来，更好构筑中国精神、中国价值、中国力量，为人民提供精神指引。"① 中国革命文化继承了中华优秀传统文化的基本精神，在革命年代塑造了中华民族的革命精神和民族性格，为新时代中国特色社会主义建设提供了不竭的精神动力。中国革命文化无论在精神上还是政治上，对于增强文化自信，都具有不可磨灭的时代价值。

（一）精神传承价值

革命精神是中国革命文化的灵魂和核心，中国革命文化的传承价值主要体现在革命精神的传承上。革命精神体现了人性的升华，是人性中崇高精神的集中体现，这样的革命精神作为人性在特定时期所迸发出来的崇高精神，在新时代中国特色社会主义建设实践中具有永恒的价值。中国共产党带领全国各族人民在革命、建设和改革过程中，不仅创造了巨大的物质财富，更创造了历久弥新的革命精神，在新时代，这些革命精神依然闪耀着光辉。

1. 中国革命文化是对中华民族精神的传承

中华民族拥有五千多年的悠久历史，形成了丰富的传统文化和独特的民族精神，包括以爱国主义为核心的团结统一、爱好和平、勤劳勇敢、自强不息的伟大精神。这种民族精神是在中华优秀传统文化的基础上凝练和总结而成的，与中华优秀传统文化相互作用，关系密切，可谓水乳交融。中华民族精神在不同的历史时期，有不同的具体表现形式。中国革命文化同样成长于中华民族传统文化的肥

---

① 习近平. 决胜全面建成小康社会夺取新时代中国特色社会主义伟大胜利——在中国共产党第十九次全国代表大会上的报告 [EB/OL], 新华网, 2017-10-18.

沃土壤之中，因特殊的革命环境，使得民族精神以血与火的形式重新展现在人们面前，烙上革命时代的印记。在中国革命时期，中华儿女充分展现了不畏强敌敢打必胜的坚定信心、排山倒海决战决胜的英雄气概、视死如归勇于斗争的牺牲精神、忠贞不渝威武不屈的革命气节、处变不惊沉着果敢的心理定力、军令如山军纪如铁的纪律观念等，都是中华民族精神的延续和具体表现形式。在争取民族独立、人民解放和实现国家富强、人民富裕的斗争中形成的中国革命文化，也已经融入中华民族的思想血液，成为中华民族的精神基因。在每一个历史阶段，中华民族精神都有它相应的具体体现，革命精神正是中华民族精神在中国革命战争时期的具体化，是对五千多年的历史长河中形成的伟大民族精神的传承。

中国革命文化既继承了传统文化中的爱国主义的情怀、自强不息的精神、勤劳勇敢的品格等优秀基因，又使得这种优秀的精神基因在革命过程中得到很好的继承与发扬，经过革命烈火的淬炼，显现出新的革命样态。中国革命文化在不同历史时期培育出的革命精神，如红船精神、井冈山精神、苏区精神、长征精神、抗战精神、延安精神、西柏坡精神等，就是熔铸了传统文化的自强不息精神、爱国主义精神等优秀基因而形成的。自强不息精神是中华民族精神的重要组成部分，从"天行健，君子以自强不息"到自力更生、艰苦奋斗，从农村包围城市，武装夺取政权革命道路的探索，到解放战争的胜利，自强不息精神在革命年代也被赋予丰富的内涵，中国革命文化中所表现出的敢于牺牲的爱国情怀是中华民族精神中爱国主义精神的延续。抗战时期，日本帝国主义军事与经济实力远远强于中国，面对国家生死存亡的危急时刻，正是因为高度的爱国情怀，中华民族的凝聚力在这一时期达到了前所未有的高度，全中国人民团结一致、众志成城，最终取得了抗日战争的胜利，使得爱国主义精神在战争年代得到了升华和提升，形成了伟大的抗战精神。

2. 中国革命文化为实现中华民族伟大复兴提供精神动力

对一个民族而言，文化是其发展的血脉，是人民的精神家园，精神是一个民族赖以长久生存的灵魂，唯有在精神上达到一定高度，这个民族才能在历史的洪流中屹立不倒、奋勇向前。中国革命文化是革命战争年代的产物，习近平总书记指出："近代中国曾遭受了前所未有的苦难。面对苦难，中国人民没有屈服，而是挺起脊梁、奋起抗争，以百折不挠的精神，进行一场场气壮山河的斗争，谱写了一曲曲可歌可泣的史诗。"① 中国共产党在长期的艰苦卓绝的斗争中始终如一、坚定信仰、不忘初心，在历经苦难和挫折中不屈不挠、勇往直前，正是因为有了中国革命文化的精神引领。中国革命文化中蕴藏的革命精神作为中国革命事业的精神遗产和文化传承，将随着这一事业的发展而不断延伸。中国革命事业的实质是中国社会主义事业，这个事业正在大力推进之中，向着中华民族伟大复兴的目标前进，向着共产主义远大理想前进。因而，中国革命精神始终是中国社会主义事业的力量之源和精神动力。

在革命战争年代，中国革命文化为近代中国的发展道路、理论体系和社会制度指明了方向。在新时代，为实现"两个一百年"奋斗目标、实现中华民族的伟大复兴，需要弘扬开天辟地、敢为人先的首创精神，坚定实干、创新、踏实和科学的态度方法，与时俱进，开拓创新，不断将中国特色社会主义现代化事业推向前进；也需要弘扬坚定理想、百折不挠的奋斗精神，不畏艰险、敢于担当、迎难而上、不断奋进，勠力同心实现中国梦；更需要弘扬立党为公、执政为民的奉献精神，在敢于担当、勇于作为的过程中，立志为人民谋幸福、为民族谋复兴，化被动为主动，践行理想信念。中国革命文化中所蕴含的理想信念、精神成果，已经内化为人民群众的精神品质，成为引领人民群众共同前行的精神旗帜，成为中华民族伟大复兴的强大精神动力，是整个社会发展的精神支柱和价值导向，在实现中华民族伟大复兴的道路上，凝聚人心，引领方向，为实现民族复兴的梦想提供最鲜明、最牢固的文化底色和精神基础。

---

① 习近平. 在庆祝中国共产党成立95周年大会上的讲话［N］. 人民日报，2016-07-02.

（二）政治基础价值

中国革命文化是中国共产党领导各族人民在中国革命建设的进程中形成的意识形态成果，具有重要的政治价值。

1. 提升执政效能

中国革命文化是民族的、科学的、大众的、革命的文化，它包含了各个时期昂扬奋进、不屈不挠、英勇顽强、积极向上的强大精神力量，无论是作为物质性革命文化的战场纪念地、革命会议遗址、革命人物故居旧居、纪念馆、遗物等纪念建筑或纪念物，以及反映革命理论、革命精神、革命传统等革命特征的物质载体，还是作为非物质形态的反映红色精神的知识、信仰、价值、精神、制度和规范等，抑或体现红色革命文化的人、事、物等，都对加强新时代党的建设，保持共产党员的先进性和政治本色具有重大的政治价值和政治意义，为提高中国共产党的领导水平和执政能力，增强拒腐防变、抵御风险的能力，为坚定党员干部的政治信念，规范党员干部的政治行为，奠定了坚实的政治文化基础，为中国共产党把握社会政治的发展形势，制订方针、政策提供依据和指导，对在政治生活中形成的大众化的、主流的马克思主义政治意识形态奠定了坚实的基础。中国共产党所实施的一系列政治思想、政治制度、政治行为、政治组织都以一定的政治文化为基础，中国革命文化中所表现出的中国共产党人的临危不惧、大度从容、指点江山、英雄气概等优秀品质都有利于提升政治主体的行政行为效能。从这个意义上讲，中国革命文化的政治价值最主要的表现在于强化党政领导干部的作风建设上，提高中国共产党的执政能力，保持党员干部的先进性，进而全面提升中国共产党作为社会主义国家政治主体的行政行为效能。

2. 夯实群众基础

中国革命文化是中国共产党和人民群众在长期的革命进程中共同创造的，扎根于人民大众的革命实践，服务于人民大众，体现了广大人民群众的根本利益，代表了新民主主义社会文化的民主理念，人民大众是中国革命文化的力量之源。

中国革命之所以取得胜利，一个重要的原因就是深入群众、组织群众、动员群众、依靠群众，并在人民群众中建立强大的革命队伍。1943 年 6 月，毛泽东总结抗战时期群众路线方面的丰富经验时讲道："在我党的一切实际工作中，凡属正确的领导，必须是从群众中来，到群众中去。这就是说，将群众的意见（分散的无系统的意见）集中起来（经过研究，化为集中的系统的意见），又到群众中去做宣传解释，化为群众的意见，使群众坚持下去，见之于行动，并在群众行动中考验这些意见是否正确。然后再从群众中集中起来，再到群众中坚持下去。如此无限循环，一次比一次更正确、更生动、更丰富。"[①] 可见，中国革命文化就是人民大众的文化，是人民群众共同的精神信仰和价值共识。在中共七大上，毛泽东对群众路线作了深刻阐述："我们共产党人区别于其他任何政党的又一个显著的标志，就是和最广大的人民群众取得最密切的联系。全心全意地为人民服务，一刻也不脱离群众；一切从人民的利益出发，而不是从个人或小集团的利益出发；向人民负责和向党的领导机关负责的一致性；这些就是我们的出发点。"[②]

中国共产党成为执政党后，仍然需要坚持群众路线，依靠群众路线，发展群众路线，因为群众路线是我们党的生命线和根本工作路线。只有这样，我们党才能具有坚实的群众基础，永葆青春活力，立于不败之地。改革开放和现代化建设新时期，中共中央在新的实践中对群众路线不断进行新的丰富和新的发展，深化政府与人民群众的互动互融关系，建立起政府和人民群众互通的桥梁，致力于塑造良好的执政为民形象，不断提升政府行政机关的社会服务能力，提升行政决策的效能，展示良好的"服务型"政府形象。进入新时代，必须更加坚持党的领导，走群众路线，一切从群众利益出发，充分相信群众，放手发动群众，善于组织群众，才能进一步夯实党的群众基础。

---

① 毛泽东. 毛泽东选集：第 3 卷 [M]. 北京：人民出版社，1991：899.
② 毛泽东. 毛泽东选集：第 3 卷 [M]. 北京：人民出版社，1991：1094-1095.

3. 巩固社会主义核心价值观

中国革命文化是中国共产党带领全国各族人民为实现革命理想和目标过程中产生的具有独特价值的优秀文化，它是马克思主义中国化的重要文化成果，是构筑社会主义核心价值观建设的重要文化资源。在当代中国社会主义核心价值观的塑造与具体化过程中，可从中国革命文化中汲取养分，汲取精神力量。中国革命文化作为一种先进的文化形态，承载着社会主义核心价值观基本理念，孕育着社会主义核心价值观的中国特质，彰显了社会主义核心价值观的精神引领，丰富了社会主义核心价值观的文化内涵，蕴含了践行社会主义核心价值观所需的精神品质，展示了社会主义核心价值观的时代魅力，是培养社会主义核心价值观、培育社会主义新人的沃土，对新时代培育和践行社会主义核心价值观，实现其入耳、入脑、入心具有重要的作用和价值，它能够影响和塑造人们的价值观念、道德素养、审美情趣，使人们自觉追求国家富强、人民幸福、社会公正的价值观念，养成良好的行为习惯。

中国革命文化虽然形成发展于中国革命战争时期，但其中的价值理念对于新时代巩固社会主义核心价值观具有重要的意义。中国革命文化在形成发展过程中蕴含着中国人民追求民族独立、国家富强与人民幸福的政治目标，自由、平等、公平、正义的价值追求及爱国、敬业、诚信、友善、锐意进取的精神品质，是培育和践行社会主义核心价值观的有效载体，中国革命文化所凝结的理想信念、所倡导的道德操守、所传承的价值追求、所坚守的坚定信仰，都成了社会主义核心价值观不可或缺的文化根基。因此，用革命文化育人，能进一步彰显社会主义核心价值观的精神引领，使社会主义核心价值观成为全国各族人民思想统一的促进剂，成为全国各族人民价值共识的黏合剂，成为中国文化在全世界传播的润滑剂，最终实现人的全面发展，引领社会全面进步。

（三）文化自信价值

文化自信是一个民族、一个国家以及一个政党对于自身文化价值的充分肯定和积极践行，并对其文化的生命力持有的坚定信心。党的十八大以来，习近平总书记在不同场合多次讲到文化自信，强调指出："文化自信，是更基础、更广泛、更深厚的自信。在5000多年文明发展中孕育的中华优秀传统文化，在党和人民伟大斗争中孕育的革命文化和社会主义先进文化，积淀着中华民族最深层的精神追求，代表着中华民族独特的精神标识。"① 中国特色社会主义文化自信中的"文化"，从外延上讲，主要包括中华优秀传统文化、中国革命文化和社会主义先进文化，可见中国革命文化已经蕴含在"文化自信"的"文化"之中，而且处于承前启后、承上启下的重要地位。

1. 马克思主义指导是文化自信的理论之源

中国共产党之所以能够带领全国各族人民取得新民主主义革命胜利，一个重要的原因就是有马克思主义的理论指导。俄国十月革命的炮火，给危亡和迷惘中的中华民族送来了马克思主义。马克思主义是无产阶级认识世界和改造世界的锐利思想武器，是中国共产党推进革命、建设和改革事业的根本指导思想和行动指南。中国共产党自成立之日起，就把马克思主义确立为自己的指导思想写在自己的旗帜上。作为一种先进的马克思主义意识形态，中国革命文化既继承和发展了马克思列宁主义，又兼收并蓄了古今中外的优秀文明成果，已经和中华民族最积极的因素融合在一起，已经把共产主义信仰和中华民族奋发向上的理想主义精神融为一体，对于巩固和加强马克思主义的指导地位，对于民族文化的复兴，有着巨大的促进作用。

马克思主义的科学理论及其共产主义远大理想首先吸引了陈独秀、李大钊、毛泽东等先进知识分子。新生的中国共产党自诞生之日起，就十分重视运用马克思主义阶级斗争理论，以此指导党的政治斗争和军事斗争实践。毛泽东呼吁全体党员同志要加紧对马克思列宁主义的学习，他认为没有这种宣传和学习，不但不

---

① 习近平. 在庆祝中国共产党成立95周年大会上的讲话［N］. 人民日报，2016-07-02.

能引导中国革命到将来的社会主义阶段上去，而且也不能指导现时的民主革命达到胜利。毛泽东同志的论断准确地揭示了马克思主义对于中国革命实践的指导意义，明确了马克思主义是指导中国新民主主义革命走向胜利的指导思想。毛泽东指出："自从中国人学会了马克思列宁主义以后，中国人在精神上就由被动转入主动"。新民主主义革命的胜利，就是马克思主义基本原理同中国实际相结合所取得的伟大胜利。不理解马克思主义的传入对近百年中国奋斗史的重要意义，就不是真正的文化自信。

2. 革命自信精神是文化自信的精神之源

精神是一个民族赖以长久生存的灵魂，唯有精神上达到一定高度，这个民族才能在历史的洪流中屹立不倒、奋勇向前。中国革命文化蕴含着丰富的革命精神，革命精神中包含着鲜明的革命乐观主义精神。革命乐观主义精神是我们党的光荣传统。在红军长征途中，面对极端恶劣的自然环境，面对艰巨险恶的斗争环境，广大红军战士们始终充满革命乐观主义精神，坚定对马克思主义和共产主义的信仰，坚定对社会发展规律和前途的信心，坚定对革命事业的必胜信念，不畏艰险，充分发挥人的主观能动性，血战湘江、强渡金沙、四渡赤水、激战腊子口，穿越茫茫的草地，跨过皑皑的雪山，纵横大半个中国，在一次次生死存亡的考验中摆脱围追堵截、突出封锁包围、杀出一条血路，最终赢得红军长征的伟大胜利，谱写出中国历史上乃至世界历史上最壮烈的一曲英雄乐章。这种革命乐观主义精神实质是一种革命自信精神，它是中国共产党的革命领导团队和革命群众所具有的自我坚持、自我激励、不屈不挠的群体心理状态和精神品质，它贯穿于中国革命的精神谱系，也深深地融入中国精神和中国价值之中，是促进中华民族文化复兴和新时代增强中国特色社会主义文化自信的根脉和源头活水。

在中国革命和建设的过程中，遇到了无数难以想象的困难和险阻，在这些困难险阻面前，老一辈革命家展现出了无惧无畏的革命乐观主义精神。中国共产党一百多年的历史，从某种程度上讲，就是一部共产党人面对困难险阻所展现出来的为民请命、为民族牺牲的自信和担当史。在艰苦的革命战争年代，面对敌人的严刑拷打、威逼利诱，甚至死亡的威胁，无数革命者始终坚守着心中的信仰，大义凛然、置生死于度外。老一辈无产阶级革命家的这些优良精神品质，正是新时代文化自信的精神之源。

3. 人民群众是文化自信的力量之源

文化自信的力量之源。中国共产党结合新民主主义革命不同历史阶段的目标与任务，充分坚持和尊重人民群众的社会历史主体地位，通过组织、教育、动员工农阶级而铸就了势不可挡的革命力量。毛泽东分析中国社会各阶级的状况及力量对比，竭力唤醒工农阶级的阶级意识，通过工会、农会将他们组织起来，通过开办工人夜校、农民运动讲习所来教育和指导他们团结起来，积极展开阶级斗争。抗日战争时期，中国共产党领导建立了广泛的敌后抗日根据地，组织和动员了中国基层社会，进一步扩大了党的工人农民阶级基础，为赢得抗日战争和解放战争胜利奠定了基础。

中国革命战争年代，中国共产党获得了人民群众的拥护和支持，赢得了民心，是先进政治力量的直接拥护者，焕发出巨大的政治力量，从而成为革命战争胜利的决定性力量。在革命战争中，人民群众也是军事和经济的重要补给源泉，中国革命战争之所以能取得胜利，主要是因为有人民做靠山，能源源不断地得到人民给予的人力物力的支援，而且，人民群众在战争中能够和正规军队配合作战。习近平总书记曾动情地说："历史是人民书写的，一切成就归功于人民。只要我们深深扎根人民、紧紧依靠人民，就可以获得无穷的力量，风雨无阻，奋勇向前。"[1] 正是因为中国革命文化来源于人民群众，扎根于人民群众，依靠和利用人民群众，它才能够最大限度地调动最广泛人民群众的革命积极性、创造性。

---

[1]　习近平. 历史是人民书写的，一切成就归功于人民 [EB/OL]. 新华网，2017-10-25.

4. 中国革命实践是文化自信的实践之源

中国革命文化是建立在伟大的革命实践基础之上的，这一革命实践是文化自信的实践之源。革命实践尤其是革命斗争实践为革命文化的产生提供了肥沃的土壤。中国革命文化以文化的形式展现了中国共产党艰苦卓绝的革命斗争和曲折艰辛的探索历程，展现了中国共产党人和中国人民一百多年来不屈不挠的奋斗历程，展现了中国近现代为摆脱奴役和落后的历史进程。以毛泽东为核心的第一代党中央活学活用马克思主义，根据中国农村农民力量强大而统治阶级力量薄弱、中国城市工人阶级力量薄弱而统治阶级力量强大的国情，开创了"农村包围城市"的革命道路，从而开启了中国化马克思主义的实践之门。

中国革命文化植根于近代中国特殊国情和中国共产党领导革命的历史中，承载了中国人民艰苦卓绝的斗争实践史，凝聚着革命先烈的热血和牺牲。中国共产党早期领导人积极开展社会调查，在社会实践中从群众利益出发，组织、教育、动员群众，如组织工人罢工、发动农民暴动、建立革命根据地、开展游击战、成立苏维埃政权、推行土地改革、建立抗日民族统一战线，这些都是中国革命时期发生在中国大地的生动革命实践。在南昌起义、湘赣边秋收起义、广州起义、五次反围剿等武装反抗国民党统治的斗争中，在进行土地革命，开展武装斗争、建设根据地的"农村包围城市"革命道路探索等革命实践中，中国共产党人总结出中国革命的三大法宝，即统一战线、武装斗争、党的建设。中国革命的胜利重新确立了中华民族近代以来一度受到损伤的文化自信。

第二节 中国革命文化的育人功能研究

中国革命文化作为中国特色社会主义文化不可或缺的重要组成部分，既是历史的，也是当代的，在精神提升、思想教育等方面具有强大的育人功能。中国革命波澜壮阔的历史进程，革命者感天动地的丰功伟绩，革命旧址、遗物等展现的震撼心魄的场景，永远都是感动和教育后来人的最佳题材，具有强大的育人功能。

一、思想导向功能

中国革命文化中蕴含着丰富的革命精神、厚重的历史文化，在文化育人中，对于传递正能量、弘扬社会主义核心价值观、坚守意识形态阵地等，都具有重要的思想导向功能。

（一）正能量传递功能

中国革命文化中蕴含的革命精神是革命文化抽象的脉搏和鲜活的灵魂，其对理想信念的追求、对人民的真诚热爱、对牺牲奉献的果敢以及对艰苦奋斗的坚持等，始终体现着为中国人民谋幸福、为中华民族谋复兴的精神标识和价值信念，始终凝聚着中国共产党人最丰富、最持久、最优质的鲜明品格。习近平总书记指出："对我们共产党人来说，中国革命历史是最好的营养剂和清醒剂，是最好的教科书。当代共产党人只有从革命文化中重温历史、感悟初心、接受洗礼，才能真正明白中国共产党从哪里来、到哪里去，清醒认识我们党与生俱来的精神特质和政治本色。只有用具有丰厚历史底蕴和精神内涵的革命文化熏陶思想、滋养心灵，使红色基因融入党员干部的精神血脉，才能使当代共产党人的理想信念变得深沉而执着，精神品格变得高尚而坚毅。多重温我们党领导人民进行革命的伟大历史，心中就会增添很多正能量。"[①] 中国革命文化是充满正能量的文化。

中国革命文化中革命事件、革命精神、革命遗存、革命文物以及老一辈无产阶级革命家、革命先烈、英模的感人事迹，及其所展现出来的崇高的理想、坚定的信念、不怕牺牲、服务人民、艰苦奋斗和无私奉献等高尚的道德，爱国爱民、无私奉献的优秀品质、人格魅力，敢于创新、实事求是、勤俭朴素、艰苦奋斗的

---

① 习近平. 党面临的"赶考"远未结束：习近平总书记再访西柏坡侧记 [N]. 光明日报，2013-07-14.

精神，都承载和凝结着丰富的高尚道德资源，具有强大的教化、引导、激励、凝聚和辐射功能，蕴含强大的道德正能量。用中国革命文化育人，必然能使人在革命精神的浸润和熏陶中，接受和认同中国革命文化中蕴含的道德正能量，自觉坚定共产主义远大理想，养成热爱祖国、热爱和平、热爱生活的家国情怀和敬业奉献、勤俭节约、廉洁自律的道德品行。拥有科学的理论、伟大的精神、崇高的理念和丰富的经验的人，能在社会上传递更多的正能量。

（二）价值引领功能

习近平总书记指出："实现两个一百年奋斗目标，需要全社会方方面面同心干，需要全国各族人民心往一处想、劲往一处使。如果一个社会没有共同理想，没有共同目标，没有共同价值观，整天乱哄哄的，那就什么事也办不成。"① 全社会需要共同的价值引领，需要进行正确的价值观教育，中国革命文化就是一种先进的、光明的、公正的、高尚的文化，具有鲜明的价值引领功能。中国革命文化中蕴含的崇高理想信念和价值追求、优秀精神品质和人格魅力与社会主义核心价值观是一致的，其中追求真理、坚定信念、艰苦奋斗、实事求是、依靠群众、勇于拼搏、开拓创新等崇高精神和爱祖国、爱人民、爱社会主义的主流价值观，为全社会提供了价值引领。将中国革命文化的精神实质、核心内涵、价值理念嵌入社会主义核心价值观进行正确的价值观教育，是文化育人的重要内容和目标之一。

习近平总书记指出："一个民族、一个国家的核心价值观必须同自身的历史文化相契合。"② 中国革命文化是中国历史文化的重要组成部分，它为社会主义核心价值观提供精神养分和精神力量，为培育具有正确价值取向和崇高精神境界的时代新人提供肥沃的土壤。用中国革命文化的精神内涵阐释社会主义核心价值观的丰富内涵，用革命英雄人物的鲜活事例宣传社会主义核心价值观的基本内容，对于新时代爱国主义、集体主义、社会主义观念的培育和正确的世界观、人生观、价值观的确立具有重要的引领作用。

（三）意识形态导航功能

在改革开放的条件下，人民的思想观念日益多样化，各种错误思想和不良文化侵蚀着人们的精神世界，扰乱人们的价值观，造成思想混乱，如果不正视这些问题，就可能威胁马克思主义在意识形态领域的指导地位。意识形态的阵地我们不去占领，就会被敌对势力所利用和占领。用中国革命文化中的革命传统、革命理想、革命作风、革命信念、革命精神育人，可以从中汲取精神力量和智慧，弘扬社会正气，倡导社会主义核心价值观，旗帜鲜明地抵制一切攻击、解构、戏谑、丑化、抹黑中国革命事件、革命领袖、革命英雄，否定党的革命历史和历史功绩的历史虚无主义错误倾向。习近平总书记强调指出："共产党人不是历史虚无主义者，也不是文化虚无主义者，不能数典忘祖、妄自菲薄。"①

中国共产党领导中国人民夺取中国革命胜利的历史，是一部充满曲折的苦难与辉煌的历史的历程。中国革命文化作为这段历史的文化沉淀，记录了中国革命百折不挠的奋斗历程，再现了可歌可泣的英雄伟业，展示了充满神奇的史诗篇章，它立足于历史真相和客观规律，诉诸真理，用历史事实和实践规律阐明了中国共产党革命和执政道路形成，证明了中国特色社会主义道路、理论、制度和文化确立的实践性、特殊性及合理性，充分表明中国共产党人的理想信念不容动摇，精神家园不能迷失，红色基因不可变异，从意识形态上起到了思想领航作用。

二、精神涵养功能

中国革命文化传承和升华了中华民族优秀传统文化，积淀了社会主义先进文

---

① 习近平. 习近平：牢记历史经验历史教训历史警示，为国家治理能力现代化提供有益借鉴 [EB/OL].
新华网，2014-10-14.

化的底蕴，构成了中国共产党独特的精神传统和精神标识，是新时代文化育人的重要思想资源和宝贵的精神营养，具有强大的育人功能。

（一）强化理想信念

理想信念是中国共产党的政治灵魂和精神支柱，是共产党人安身立命的根本和动力源泉。"革命理想高于天"，中国共产党始终以马克思主义为指导，带领人民以理想信念指引伟大的革命实践，更在伟大的革命实践中将理想信念贯穿始终，正如习近平总书记所言："中国共产党是用马克思主义武装起来的政党，马克思主义是中国共产党人理想信念的灵魂。"[①] 正是以理想信念为灵魂，体现出革命文化的独特魅力。

对马克思主义的信仰，对社会主义、共产主义的理想和信念，成为中国革命胜利的一种精神动力，夏明翰在《就义诗》中写下"砍头不要紧，只要主义真。杀了夏明翰，还有后来人"这样的豪言壮语，方志敏在《可爱的中国》中发出"敌人只能砍下我们的头颅，决不能动摇我们的信仰"的坚定誓言，周文雍拥有的"头可断，肢可折，革命精神不可灭。壮士头颅为党落，好汉身躯为群裂"的豪迈气概。他们用行动诠释中国共产党人不惜流血牺牲，为中国人民谋幸福、为中华民族谋复兴的崇高理想和信仰力量。中国革命文化对于加强和巩固社会主义和共产主义的理想信念具有重要作用。列宁指出："为巩固和完成共产主义事业而斗争，这就是共产主义道德的基础。"[②] 理想信念既是新时代实现中华民族伟大复兴的精神指引和精神支撑，也是铸就承担时代大任的新人的精神支柱。"中国革命历史是最好的营养剂"，以中国革命文化培养时代新人，从中国共产党带领中国人民不畏艰难、不惧牺牲、坚定信念、坚持奋战的革命历史中汲取"营养剂"，这是补足时代新人精神之"钙"，引领时代新人始终坚守梦想、奋力向前、努力实现中华民族伟大复兴中国梦的必然选择。

---

① 习近平. 在纪念马克思诞辰 200 周年大会上的讲话 [EB/OL]. 新华网，2018-05-04.
② 列宁. 列宁选集（第四卷）[M]. 北京：人民出版社，2012：355.

（二）提升精神境界

中国革命文化作为一种社会主义的先进文化，每一处革命遗迹、每一块奋斗土地、每一件珍贵文物都体现出高尚的道德情操，都折射出革命群众的爱国主义情感、集体主义精神和艰苦奋斗的优良作风等高尚道德品质，这些潜移默化地渗入人的内心世界，能大大提升人们的思想观念和精神境界。中国革命文化在不同历史时期培育了不同表现形式的革命精神，精忠报国赤诚奉献的爱国情怀，不畏强敌敢打必胜的坚定信心，排山倒海决战决胜的英雄气概，视死如归勇于斗争的牺牲精神，忠贞不渝威武不屈的革命气节，处变不惊沉着果敢的心理定力，军令如山军纪如铁的纪律观念，等等，都是中国革命文化中所蕴含的高尚道德精神的内在呈现。

中国革命文化与新时代中国特色社会主义文化所强调的以爱国主义为核心的民族精神，有着一脉相承的价值追求和价值目标。在革命战争年代，中国共产党从上海出发，在领导中国革命的征程中形成了红船精神、井冈山精神、长征精神、延安精神、西柏坡精神等，这些都是中国革命文化的精髓，是激励人们开拓进取、矢志不渝的强大精神动力；在社会主义改造和社会主义建设时期，中国共产党形成了雷锋精神、大庆精神、"两弹一星"精神、载人航天精神、抗洪精神、奥运精神、抗震救灾精神等，这些都是革命精神得以传承的体现；改革开放以来，中国共产党以革命的勇气和信心，牢记"改革也是一场革命"的嘱托，不断探索国家发展道路，不断加强党的自身建设，不断推进社会改革，取得了举世瞩目的成就，形成了以爱国主义为核心的民族精神和以改革创新为核心的时代精神；进入新时代，中国共产党坚守初心、不负使命，牢记人民和民族重托，在进行伟大斗争、建设伟大工程、推进伟大事业、实现伟大梦想的实践中，形成了伟大创造精神、伟大奋斗精神、伟大团结精神、伟大梦想精神，成为激励中国人民接续奋斗、开拓进取的强大精神支柱。革命精神的一代代传承，对于提升人们的精神境界具有极大的催化作用。

第三节　新时代中国革命文化育人路径探索

中国革命文化是社会主义先进文化的重要组成部分，凝聚着中国共产党的光荣革命传统和中华民族宝贵的精神品质。新时代落实立德树人根本任务和文化育人终极目标，必须继承和弘扬中国革命文化，充分发挥中国革命文化的时代价值，推动中国革命文化育人工作的开展。

一、传承创新发展中国革命文化

中国革命文化上承中华优秀传统文化，下启社会主义先进文化，中华优秀传统文化、中国革命文化、社会主义先进文化是一脉相承的，随着时代的发展，中国革命文化也应该被注入时代元素，与时俱进，创新发展。

（一）以深入的研究促进中国革命文化的传承

中国革命文化的核心是革命精神，从中国共产党的诞生起，历经了"开天辟地""惊天动地""改天换地"的历程，其精神实质充分体现在中国化的马克思主义、实事求是的理想品格和中华民族精神的升华中，既具时代性，又有创新性。习近平总书记在党的十九大报告中明确指出："继承革命文化，发展社会主义先进文化，不忘本来、吸收外来、面向未来，更好构筑中国精神、中国价值、中国力量，为人民提供精神指引。"① 中国革命文化是优质育人资源，要加强对中国革命文化的研究，实现中国革命文化的有效传承。

对中国革命文化开展研究，首先，必须研究革命斗争，包括军事斗争、政治斗争、经济斗争等，这些革命斗争实践为中国革命文化的产生提供了土壤，其蕴含的坚忍不拔、勇往直前的奋斗精神，自力更生、艰苦奋斗的创业精神，不畏牺

---

① 习近平. 决胜全面建成小康社会夺取新时代中国特色社会主义伟大胜利——在中国共产党第十九次全国代表大会上的报告 [EB/OL]. 新华网，2017-10-18.

牲、乐于奉献的奉献精神，都为中国革命文化提供了营养；其次，要结合中国共产党的历史发展，把中国革命文化与中华优秀传统文化、社会主义先进文化和世界优秀文明成果的研究相结合，坚持论从史出、史论结合，加强学术研究，强化学理支撑；最后，要努力构建多学科的协同研究，从马克思主义理论、哲学、中共党史、政治学、历史学、社会学、教育学等多学科、多角度出发开展研究，形成中国革命文化研究的合力，促进革命文化的传承发展。

（二）创新发展中国革命文化内容

中国革命文化内容丰富多样，它是无数英雄烈士前赴后继表现出来的革命精神，它是中国共产党人带领全国各族人民，为实现民族独立和人民解放创造的光辉历史和胜利奇迹。一种先进的与时俱进的文化，其内容应当具有普适性，其传承与发展形势应当具有创新性。在新时代，必须对中国革命文化内容在尊重历史事实的基础上进行创造性转化和创新性发展，赋予中国革命文化以时代意义和时代价值，结合新的时代背景，不断为其增添新的内涵、意蕴，使其更加具有时代性、创新性，突出时代主题。

创新发展中国革命文化内容，必须深入挖掘中国革命文化中与当代的精神追求与价值观念相契合的内容，充分展现其当代价值。中国革命文化与新时代中国特色社会主义文化之间的联系密不可分，中国革命文化是马克思主义中国化初始化阶段形成的文化样态，对马克思主义中国化的理论贡献是巨大的，习近平新时代中国特色社会主义思想作为马克思主义中国化最新理论成果，是中国特色社会主义理论体系的重要组成部分，是全党全国人民为实践中华民族伟大复兴的奋斗行动指南，两者在理论上一脉相承。中国革命文化持续推进马克思主义中国化、时代化、大众化，为建设具有强大凝聚力和引领力的社会主义意识形态，为全体人民在理想信念、价值理念、道德观念上紧紧团结在一起奠定了重要的思想文化基础，为加强理论武装，推动习近平新时代中国特色社会主义思想深入人心提供了有力支撑。

（三）创新发展中国革命文化育人方式

中国革命文化是通过各种各样的形式表现出来的，以怎样的形式展现中国革命文化，直接关系到中国革命文化育人的作用和效果。2016年4月，习近平总书记在安徽省金寨县考察时说，革命传统教育要从娃娃抓起，既注重知识灌输，又加强情感培育，使红色基因渗进血液、浸入心扉，引导广大青少年树立正确的世界观、人生观、价值观，要以启蒙式、启迪式的教育方式，将红色文化资源转化为喜闻乐见的教材，让青年一代的心灵受到革命文化的熏陶，让青年一代的思想和品德受到锤炼。在新时代，中国革命文化呈现出许多新的形态，不仅是中老年人对过去的回忆，而且逐渐成为当代年轻人崇尚的文化。例如重走长征路、寻访抗战老兵等活动吸引了越来越多的年轻人参与，红军形象、军用水壶等革命文化元素在被添加进时尚元素后，成为年轻人所青睐的文化产品。

创新发展中国革命文化育人方式，必须注意内容与形式的统一，在中国革命文化育人过程中，往往存在重形式、轻内容的倾向，忽视了中国革命文化的核心精神因素对人思想的渗透，导致育人效果大打折扣。为此，在中国革命文化育人中必须运用恰到好处的方式，将中国革命文化蕴涵的实质内容和精神气质植入育人方式之中。比如，可以邀请老红军、老战士等革命先辈进行英雄事迹报告或邀请中国革命文化研究专家进行学术讲座，让听众接受心灵洗礼；还可以举办大型的图文并茂的革命文物展览活动，供人们免费参观，使人受到感悟和启迪；还可以利用互联网的新颖性、创新性、快捷性、时代性，结合时代元素，加强中国革命文化网络资源整合，建好革命文化网站，把革命文化中最深刻、最感人、最富有教育意义的内容通过文字、图片、音频、视频、直播、论坛、微博、微信等手段呈现出来；或者利用高科技的声光电技术，重现当年的革命情景，以震撼的力量发挥影响作用，提升中国革命文化育人的效果。

二、大力宣传中国革命文化

大力宣传中国革命文化，既要讲好革命故事，还要大力宣扬革命精神。

（一）讲好革命故事，增强中国革命文化的吸引力

在革命战争时期，涌现了许许多多感人的革命故事，传承和发展中国革命文化，增强中国革命文化育人实效，就必须以多样的形式讲好革命故事，增强中国革命文化的吸引力。习近平总书记在河南考察调研时强调："要讲好党的故事、革命的故事、根据地的故事、英雄和烈士的故事，加强革命传统教育、爱国主义教育、青少年思想道德教育，把红色基因传承好，确保红色江山永不变色。"[1] 中国革命文化是革命实践的伟大创造，是中国革命事业的精神遗产和文化传承，在中国革命文化史上，有刘胡兰、董存瑞、赵一曼、张思德、黄继光、雷锋等一大批革命英雄人物的感人故事；有飞夺泸定桥、四渡赤水、巧渡金沙江、长征、三大战役等革命英雄事迹；有《闪闪的红星》《铁道游击队》《地雷战》《地道战》《渡江侦察记》《鸡毛信》等来源于人民革命斗争的经典影片；也有外国记者讲述中国革命故事的著作，如美国记者斯诺的《西行漫记》（又名《红星照耀中国》）、美国著名作家和记者哈里森·索尔兹伯里《长征：前所未闻的故事》、英国记者林迈可《抗战中的红色根据地》、美国学者白修德《中国的惊雷》等等。为此，需要讲好一个个具体鲜活的革命故事，通过革命英雄事迹和革命故事影响教育全体社会成员，帮助他们了解中国革命文化的独特创造、中国革命文化的独特贡献和中国社会主义制度的独特优势。

讲好革命故事，必须组织相关研究力量，积极挖掘革命斗争中产生的先进人物和先进事迹。通过查证史料、寻访革命遗址、访谈老红军、老战士等方式，大力宣传中国革命文化。在寻访过程中，必须保护、管理和利用好革命文物，充分

---

[1] 习近平. 新时代要讲好红色故事 [N]. 河南日报，2019-09-26.

利用好革命博物馆、纪念馆，为中国革命文化可持续利用提供保证。革命文物和革命纪念馆是革命故事的物质载体，集中反映了中华民族和中国共产党人的光荣传统和优良作风，能够在强化主流意识形态、加强精神文化建设、传承红色基因中发挥独到作用。在借助革命文物和通过革命纪念馆讲解中国革命故事时，不能过分夸大某一历史人物、某一历史事件、某一段革命历史，要尽量原汁原味、原原本本地讲述复原历史原貌。

（二）宣扬革命精神，彰显中国革命文化的独特魅力

中国共产党在长期的革命斗争中形成的优良传统和革命精神，体现了人性的升华，是人性中崇高精神的集中体现，是一笔宝贵的精神财富和丰厚的育人资源。习近平总书记一再强调要坚持用革命文化铸魂育人，大力弘扬红船精神、井冈山精神、苏区精神、照金精神、长征精神、遵义会议精神、延安精神、抗战精神、吕梁精神、沂蒙精神、西柏坡精神、老区精神等革命精神。中国共产党在近百年的光辉历程中形成了一系列革命精神，集中体现了中国共产党的性质、宗旨和品格、气质，是我们党的宝贵精神财富，宣扬革命精神，充分发挥革命精神的引领、凝聚、激励和教育功能，对于新时代传播中国声音、讲好中国故事，用中国革命文化提升人们的精神境界具有重要意义。

中国革命文化是一代又一代中华儿女为实现民族独立和人民解放不懈奋斗的真实映照，如红船精神所孕育的开天辟地、敢为人先的首创精神，坚定理想、百折不挠的奋斗精神，立党为公、忠诚为民的奉献精神；井冈山精神中展现出来的坚定执着追理想、实事求是闯新路、艰苦奋斗攻难关、依靠群众求胜利的精神；苏区精神中蕴含的坚定信念、求真务实、一心为民、清正廉洁、艰苦奋斗、争创一流、无私奉献的精神；照金精神中所表现出的密切联系群众的精神；长征精神中展现出的乐于吃苦、不惧艰难、艰苦奋斗的革命乐观主义精神，勇于战斗、无坚不摧、坚信正义事业必胜的革命英雄主义精神，顾全大局、严守纪律、紧密团结的集体主义精神；遵义会议精神展现出的把马克思主义基本原理同中国具体实

际相结合、坚持走独立自主道路、坚定正确的政治路线和政策策略、建设坚强成熟的中央领导集体的实事求是精神；延安精神中展现出的坚定正确的政治方向、保持党同人民群众的血肉联系，始终为党和人民的事业不懈努力、艰苦奋斗、理论联系实际、不断开拓进取的精神；抗战精神中展示的天下兴亡、匹夫有责的爱国情怀，视死如归、宁死不屈的民族气节，不畏强暴、血战到底的英雄气概，百折不挠、坚忍不拔的必胜信念；西柏坡精神中的"两个务必"、谦虚谨慎、艰苦奋斗、实事求是、一心为民的精神；等等。这些革命精神和人格气质，都展现了中国革命精神的独特魅力。

三、大力发展红色文化

红色文化蕴涵了中国共产党在长期领导中国革命与建设的伟大实践中所创造和积累的丰富历史经验，包括重要革命纪念地、纪念物、标志物及其所承载的革命历史、革命精神等。红色文化对于增进人们的爱国主义情怀、培育人们高尚的道德情操，具有重要的育人价值，新时代文化育人，必须大力开展红色文化教育。

（一）充分挖掘当地革命文化的红色精神，展现中国革命文化精神内核

红色文化凝结着共产党员的信仰、精神和价值，发展红色文化可以结合当地的红色文化资源，从红色文化发源地精心选材、取材，尤其是革命老区、苏区，可以通过编印革命斗争史教材、编排革命文化戏剧、设置革命文化史讲座、拍摄革命文化史宣传片、祭奠革命烈士、重温入党誓词等，展现中国革命文化精神内核，增强人民群众对革命精神的深层次认知。党的十八大以来，习近平总书记先后到河北阜平和西柏坡，以及山东临沂、福建古田、陕西延安、贵州遵义、江西井冈山等革命老区考察并发表重要讲话，反复强调要让红色精神放射出新的时代光芒，多次指出要把红色资源利用好、把红色传统发扬好、把红色基因传承好。

传承发展红色文化，可以利用红色文化具有地域性的特点，多角度、多层面、多形式地与当地人文文化融合，如延安红色文化中凝练出的抗大精神、南泥

湾精神、延安整风精神、白求恩精神、张思德精神等，是以"自力更生、艰苦奋斗、实事求是、全心全意为人民服务"为中心的延安精神的集中体现；再如，作为"伟人故里、将帅之乡、革命圣地"的湖南，红色历史文化资源丰富，湖南省立第一师范学校、中共湘区委员会旧址、湖南自修大学旧址，韶山毛氏宗祠、毛泽东故居等，见证了中国共产党人开天辟地、敢为人先的万丈豪情；秋收起义文家市会师旧址、平江起义旧址等，是共产党人星火燎原、开展武装斗争的丰碑。这些红色文化资源都需要深入挖掘，大力弘扬其中蕴含的伟大精神。

（二）大力开展红色文化活动，发挥红色文化的育人功能

发挥红色文化的育人功能。可以利用重大节庆日有针对性地大力开展红色文化活动，如在庆祝建党、建军、新中国成立纪念日等重要时间节点上，利用国家公祭仪式、烈士纪念日、重大革命历史事件纪念日、各类爱国主义教育基地、历史遗迹等，组织党员干部、群众到革命纪念地开展形式多样的具有纪念意义的庆祝活动，充分挖掘革命纪念地所蕴藏的优秀传统文化、革命事迹和本土英雄人物，将红色教育以本土化、大众化的方式呈现出来，让广大党员和人民群众学习革命先烈功高不自居、位高不自显的优秀品格，学习他们先人后己、舍身忘我、淡泊名利的高尚情操，学习他们践行党的宗旨、发扬优良作风，始终保持谦虚谨慎、艰苦奋斗的伟大精神，学习他们在处理矛盾时的昂扬斗志和革命激情，在应对复杂环境和风险挑战时的机智与坚韧。通过这些丰富多彩的活动，展示红色文化的深刻内涵，充分发挥红色文化的育人功能。

红色文化的内容极其丰富。在不同的时代，红色文化产品都有其独特印记，可以邀请参加过革命斗争和建设的老干部、老战士、老模范做革命优良传统报告，开展"红色文化进校园""红色文化进社区""红色文化进企业""红色文化进基层"等活动，加强中共党史、革命历史的知识普及，革命故事、革命精神的宣讲，红色政权的建立等红色文化的宣传和教育，让人们的思想受到深刻教育，心灵受到洗礼，增强他们对革命理想信念的认同，帮助人们树立正确的世界观、

人生观、价值观，坚定正确的理想信念和政治方向，提高明辨是非的能力，筑牢抵御拜金主义、享乐主义、极端个人主义等腐朽思想侵蚀的思想道德防线，增强红色文化育人的实效。

（三）大力打造红色文化旅游，传播红色文化正能量

红色文化旅游是以革命纪念地、纪念物以及所承载的革命精神为内涵，以现代旅游为手段，组织接待游客参观游览，在此过程中聆听革命英雄人物的感人故事，学习革命历史文化知识，接受革命精神教育，愉悦身心、增长阅历的旅游活动，也是一种有着极强的现实意义和历史意义的体验式育人模式。红色文化在革命战争年代的发生地多是经济相对落后而自然环境优美的地域，如沂蒙山区、广西百色、江西井冈山、陕西延安、贵州遵义、福建古田、河北西柏坡等，可以将优良的革命传统、革命文化、革命精神，融入这些红色文化发源地优美的自然景观之中，形成新的红色文化样态。

打造红色文化旅游，可以通过深入革命老区和红色文化教育基地，寻找红色文化遗迹，感受红色文化魅力，身临其境地感受革命先烈的英雄事迹，从中受到熏陶和教育，发挥寓教于游、寓教于乐、体验和传播红色文化正能量，增强红色文化育人效果。在红色旅游中，一是要营造浓厚的红色文化育人氛围，如举办穿红军服、唱红军歌、走红军路等活动，可以让参观者在红色旅游过程中，体会革命先烈在战场上的英勇不屈，感受到英雄们为祖国不惜牺牲一切的伟大情怀，潜移默化地接受爱国主义和革命传统教育的熏陶，接受革命传统的洗礼，增强参观者对红色历史、红色精神的体验和认同，坚定理想信念，凝聚价值共识。二是要将红色文化与旅游文化、传统文化充分结合起来，找准红色旅游的科学定位，着力打造红色旅游精品线路，鼓励旅游行业从业者自觉承担起弘扬红色文化的社会责任，有意识地对游客进行红色文化与旅游文化、传统文化的宣讲。

（四）拓展红色文化传播途径，推动红色文化普及化

实现红色文化育人，必须拓宽和创新红色文化传播途径，采用能够生动体现

红色文化精神与内涵的、喜闻乐见的艺术表现手段，利用各种工具、各种时机，"润物细无声"地把红色文化广泛渗透到人们日常生活和学习中，渗透到企业文化、社区文化和校园文化之中。如利用在社区建立免费对外开放的革命博物馆、在校园成立红色文化研讨会、在企业建立革命精神与企业家精神相关的研究宣传机构等形式，把红色文化传播同生产、生活、学习实践紧密相连，互相促进，既充分挖掘和利用了红色文化资源，又达到了红色文化育人的目的和效果。

红色文化传播，既可以利用传统的方式，也可以拆分利用新媒体技术。具体而言，主要要把握以下途径和方式：一是充分挖掘研究当地的红色文化资源，建立爱国主义教育基地和文化主题公园，建立红色文化博物馆、纪念馆等；二是努力打造红色文化精品，通过打造一批高质量、高品位、高水平的主题鲜明、形式新颖多样、内容丰富的文学作品、歌曲、舞蹈、影视、戏剧作品、网络作品等红色文化艺术精品，使人们对红色文化产生浓厚兴趣，增强红色文化传播的实效性；三是利用各类报刊、广播电台、互联网等渠道，加强对红色文化的广泛宣传，为人们开辟感受红色文化的渠道；四是积极利用现代化媒介手段宣传红色文化，紧跟网络信息时代发展步伐，积极引进新的网络媒体、自媒体传播方式传播弘扬红色文化，建立红色文化主页网站，增强红色文化育人效果。

四、将中国革命文化融入高职院校文化育人体系

作为意识形态前沿主阵地的高校，实施中国革命文化育人工作，既是贯彻落实习近平新时代中国特色社会主义思想的时代要求，又是发挥中国革命文化的育人作用的内在需求。中国革命文化涵养着中国共产党人的政治韬略和理论智慧，凝聚着中国共产党人的先进思想和革命精神，体现了中国共产党人独特而崇高的价值观，既有深刻的历史感，又有强烈的时代性，是宝贵的育人资源，能够激励当代大学生塑造健全人格，增强社会实践能力。新时代高职院校文化育人，不是单方面的工作，而是系统的育人体系，将中国革命文化融入高职院校文化育人体

系，能增强大学生对中国特色社会主义的理论认同、政治认同和情感认同，增强文化育人实效。

（一）将中国革命文化融入校园文化建设

中国革命文化具有重要的育人价值，高职院校可以把中国革命文化教育作为大学生思想政治教育的重要内容，将中国革命文化融入校园文化建设，这是中国革命文化育人的重要途径。学校可以通过校园景观、文化走廊、宣传橱窗、校园广播、学生社团、校园网、学校贴吧、宣传栏、校报、校刊或其他内部刊物或媒介开辟固定专栏，介绍学校属地的革命文化，也可以在校园内建立介绍革命英烈的展馆或革命文化长廊等，在校园文化活动中充实中国革命文化，以红色元素打造精品校园文化活动，用中国革命文化的思想内涵为校园文化建设提供理论支撑和价值导向，将校园文化活动场所建设成为传播中国革命文化的平台，增强中国革命文化育人的效果。

中国革命文化是人们穿越时空、感受革命历史和革命精神的载体。中国革命文化向人们形象地还原了波澜壮阔的革命过程，鲜活地展示了风起云涌的革命战争事件，如实地再现了可歌可泣的革命先烈事迹，生动地阐释了英雄壮烈的革命精神。学校工会、团委、学工处、宣传部等部门，还可以联合举办革命歌曲演唱比赛、组织阅读革命书籍等活动，设置革命电影放映周，举办中国革命文化专题讲座、演讲或辩论赛等。通过这些丰富多彩的校园文化活动形式，将中国革命文化成果转化为贴近学生、贴近实际、贴近生活、贴近时代的内容，增强中国革命文化的传播力、吸引力、感染力，让大学生在参与校园文化活动中体验中国革命文化的魅力，在体验中触动灵魂，升华境界。将中国革命文化融入校园文化建设，可以让学生在潜移默化中将红色文化基因内化于心、外化于行，使红色文化基因成为优良品质和健康人格的重要文化标识。

（二）将中国革命文化融入高职院校思想政治理论课堂

中国革命文化丰富的精神内涵和独特的育人价值是高职院校思想政治理论课

教学的重要素材，为学校思想政治理论课提供了丰富的教育资源和深厚的育人力量。在坚持学校思想政治理论课教学总体性目标不变的前提下，在学校思想政治理论课教学过程中，充分开发利用地域革命文化资源，将教材内容与中国革命文化内容巧妙衔接、科学融合、精准渗透，能够有效化解学校思想政治理论课教学中素材匮乏的困境，大大丰富学校思想政治理论课教学的内涵，既保持了学校思想政治理论课教学的红色底蕴，增强了思想政治理论课课堂教学的趣味性、实效性和针对性，又为实现铸魂育人的目标注入了强大的精神动力。中华民族几千年来形成了博大精深的优秀传统文化，我们党带领人民在革命、建设、改革过程中锻造的革命文化和社会主义先进文化，为思政课建设提供了深厚力量，在中华民族一脉相承的三种文化形态中，中国革命文化构成了其中重要的一环。中国革命文化融入思想政治理论课，就必须把中国革命文化中有关革命理论、革命道路、革命精神等内容，融入思想政治理论课教材，融入思想政治理论课教学。同时必须注意，挖掘中国革命文化中所蕴含的精神内涵、历史意义，要防止教条主义照搬过去的革命话语，妥善处理革命文化和话语在当今社会生活和政治生活中的价值指向。只有正确把握中国革命文化的科学内涵和时代价值，才能推进中国革命文化有效地融入高职院校思想政治理论课中。

为了提高中国革命文化育人效果，学校必须不断提高教师的革命文化素养，发挥思想政治理论课教师的价值引领作用，通过对中国革命文化资源的有效凝练和合理选择，形成对大学生进行思想政治教育的特有素材。教师要坚持教育者先受教育，努力成为先进思想文化的传播者、共产党执政的坚定支持者，更好担起学生健康成长指导者和引路人的责任，教师应熟知党领导人民革命斗争的基本史实、历史发展的主要脉络、基本走向及重要关节点，学习实践中国革命文化蕴含的心系群众、众志成城、艰苦奋斗、锐意进取、百折不挠、创新发展、敢于胜利的精神内涵和价值，做到真学、真懂、真信、真用。为帮助思想政治理论课教师准确把握中国革命文化的科学内涵和时代价值，要依托高校和相关科研机构，建立一批革命精神研究中心，构建革命文化资源学科体系，开展中国革命文化传承与思想政治理论课教学相关研究，不断提升思想政治理论课教师的理论功底和革命文化素养。

（三）将中国革命文化融入校外课堂

中国革命文化是人们穿越时空感受革命历史和革命精神的载体，具有强烈的吸引力和感染力。用好用活丰富的革命文化资源，还应发挥好校外课堂教学的延伸拓展作用，将高职院校属地的中国革命文化资源开辟为校外课堂，以实现课堂理论教学和课外实践的有机融合。中共中央国务院印发的《新时代爱国主义教育实施纲要》（以下简称《纲要》）中明确要求"要了解中国共产党领导全国人民为建立新中国而英勇奋斗的崇高精神和光辉业绩"，明确指出"各类博物馆、纪念馆、烈士纪念建筑物、革命战争中重要战役、战斗纪念设施、文物保护单位、历史遗迹、风景胜地和展示我国两个文明建设成果的重大建设工程、城乡先进单位，是进行爱国主义教育的重要场所……学校应将这类教育活动列入德育工作计划"①。为更好落实《纲要》要求，学校可以组织中国革命文化基地参观调研活动，将大学生带出课堂，亲自参与和体会革命先烈当年生活、战斗甚至牺牲的地方，借助参观瞻仰革命战役纪念馆、烈士陵园、纪念碑和举办党的纪念活动等物质和仪式载体，引导大学生回忆和总结革命历史，缅怀先烈，追思革命情怀和革命精神，重温中国共产党在高校属地的革命历史，进行革命精神教育和集体记忆重唤。

不同地区学校可以结合自身实际建立嵌入红色文化元素的实践教学基地，以革命历史人物、革命遗存和革命纪念场馆为实践载体，组织学生专题学习革命历史、革命精神、革命文学艺术以及人民领袖、将军、烈士及老区广大人民群众的革命事迹等非物质红色文化资源，让大学生真正感受到红色文化的魅力和价值，

---

① 中共中央国务院. 新时代爱国主义教育实施纲要 [EB/OL]. 新华网，2019-11-12.

让他们走进融知识、文化与教育为一体的第二课堂，现场追溯历史、反思现实，补充红色文化营养。学校用中国革命文化育人，可以从情感上缩短大学生与教育内容之间的时空距离，激发大学生对中国革命文化的兴趣，增强对中国共产党的感情、对社会主义制度的热爱，厚植爱国主义情怀，有助于大学生树立正确的世界观、人生观和价值观。

（四）将中国革命文化融入实践活动

理论与实践的统一，是马克思主义的基本原则和方法。习近平总书记反复强调，知行合一、贵在行动，要尊重实践、不断实践、坚持实践。要提升中国革命文化育人效果，就必须开展丰富多彩的中国革命文化相关实践活动。高职院校可以利用寒暑假社会实践活动的契机，依托学校的专业优势，充分发动和组织大学生分赴革命教育基地、红色老区、红色教育基地等，寻找中国革命文化遗迹，通过参观革命遗址、遗物、珍贵图片、纪念馆、纪念物、纪念碑等物质形式的革命文化资源，深切感受到中国革命文化的魅力、历史的厚重感，深刻体会到无数仁人志士的那种伟大精神。这些身临其境的实践活动，可以营造出庄严、神圣、典雅、凝重、深沉的场景和氛围，真实地再现当时的革命场景，加深大学生对红色文化的感性认知。同时，通过切实的实践体会，学生可以感受到革命精神的伟大和革命成果的来之不易，并与革命人物在心灵上产生默契，从而唤起他们的革命历史记忆，让大学生在实践中增知识、长才干。

高职院校在文化育人中，通过极具感染力、凝聚力和亲和力的中国革命文化实践活动，塑造积极健康、内容丰富的校园文化体系的红色基调，将历史与现实有机地统一起来，将革命的激情与奋发学习的动力有机地统一起来。大学生在耳濡目染和潜移默化的学习过程中，在心理和情感上对革命信念和革命精神产生震撼与共鸣，并在春风化雨中将这些崇高精神和高尚品行融入潜意识中，实现人格和思想觉悟的升华，同时，能清醒地认识到自己在新时代应该肩负的责任使命和付出的努力，从而大大增强新时代中国革命文化育人的实效。

参考文献

[1] 马克思，恩格斯. 马克思恩格斯选集［M］. 北京：人民出版社，2012.

[2] 列宁. 列宁选集［M］. 北京：人民出版社，2012.

[3] 毛泽东. 毛泽东文集［M］. 北京：人民出版社，1999.

[4] 邓小平. 邓小平文选［M］. 北京：人民出版社，2001.

[5] 江泽民. 江泽民文选［M］. 北京：人民出版社，2016.

[6] 胡锦涛. 胡锦涛文选［M］. 北京：人民出版社，2016.

[7] 习近平. 习近平谈治国理政［M］. 北京：外文出版社，2014.

[8] 习近平. 习近平谈治国理政：第二卷［M］. 北京：外文出版社，2017.

[9] 习近平. 习近平谈治国理政：第三卷［M］. 北京：外文出版社，2020.

[10] 中央文献研究室. 十八大以来重要文献选编［M］. 北京：文献出版社，2018.

[11] 中共中央党史和文献研究院. 习近平关于"不忘初心、牢记使命"论述摘编［M］. 北京：党建读物出版社，中央文献出版社，2019.

[12] 中共中央党史和文献研究院. 习近平关于"不忘初心、牢记使命"论述选编［M］，北京：党建读物出版社，中央文献出版社，2019.

[13] 中共中央宣传部. 习近平新时代中国特色社会主义思想学习纲要［M］. 北京：学习出版社，人民出版社，2019.

[14] 梁漱溟. 中国文化要义［M］. 济南：山东人民出版社，1990.

[15] 张岱年. 文化与价值［M］. 北京：新华出版社，2004.

[16] 张岱年，程宜山. 中国文化论争［M］. 北京：中国人民大学出版社，2006.

［17］冯惟榘，金百芬. 国学纲要［M］. 济南：山东教育出版社，2011.

［18］韩延明，等. 大学文化育人之道［M］. 北京：高等教育出版社，2013.

［19］袁银传. 价值观 核心价值观 核心价值体系［M］. 武汉：武汉大学出版社，2014.

［20］侯长林. 高校校园文化基本理论研究［M］. 北京：人民出版社，2014.

［21］冯天瑜，何晓明，周积明. 中华文化史［M］. 上海：上海人民出版社，2010.

［22］王永贵，等. 意识形态领域新变化与坚持马克思主义指导地位研究［M］. 北京：人民出版社，2015.

［23］万建中. 中国民间文化概论［M］. 北京：北京师范大学出版社，2016.

［24］王炳林，张泰城. 高校红色文化资源育人发展报告：2017［M］. 北京：人民出版社，2018.

［25］沈壮海. 论文化自信［M］. 武汉：湖北人民出版社，2019.

［26］张立学. 以文化人：大学文化育人研究［M］. 北京：人民出版社，2019.